Brigitte Dottke

# PALÄSTINA

Geschichte und Widerstand über hundert Jahre

**Brigitte Dottke**

# PALÄSTINA

## Geschichte und Widerstand über hundert Jahre

**Theorie und Praxis Verlag**
**Hamburg**

**Titelbild:**
**Frauendemonstration in Palästina anlässlich des 1000. Tages der ersten Intifada**
**(Motto: we will never submit = wir werden uns niemals beugen, unterwerfen)**
Titelblatt der Zeitschrift 'Palästina' v. 1.10.90, 3. Jg., Nr. 4; hrsg. von der Informationsstelle Palästina, Bonn.

ISBN: 978-3-921866-96-2
1. Aufl. Sept. 2004

zu bestellen über:
Theorie und Praxis Verlag
Goldbachstr. 2
22765 Hamburg
Fax 040-38613850
e-mail: info@tup-verlag.com

# Inhaltsverzeichnis

# Vorwort

Das Heft 'Palästina – Geschichte und Widerstand der letzten hundert Jahre' wurde zum ersten Mal im November 1990 von uns Frauen vom Deutsch-Palästinensischen Frauenverein, Sektion Hamburg herausgegeben. Seitdem wurde es wiederholt von mir aktualisiert, erweitert und eigenverantwortlich von mir herausgegeben. Die dramatischen Entwicklungen in Palästina seit 1990 machten es notwendig, den Stoff vollständig neu zu bearbeiten. Das vorliegende Buch soll den Konflikt sowie die Kontinuität des palästinensischen Widerstands im Zusammenhang darstellen. Der Umfang des Buches ist bewusst in Grenzen gehalten, damit es seine Eignung als Einführung in die Thematik wahrt.

**Brigitte Dottke**
**September 2004**

# Zionismus und Kolonialismus in Palästina

Im letzten Jahrhundert wurde von verschiedenen führenden jüdischen Persönlichkeiten, vor allem von Theodor Herzl, die Forderung nach einem Judenstaat erhoben. Herzl hat dies in seinem 1896 erschienenen Buch 'Der Judenstaat' ausführlich dargelegt und begründet. Zur Verwirklichung dieser Idee wurde die Zionistische Bewegung gegründet. 1897 fand der Erste Zionistenkongress in Basel statt. Er beschloss, diesen Judenstaat in Palästina zu errichten. Herzl entfaltete eine rege diplomatische Tätigkeit: er verhandelte mit dem türkischen Sultan, mit britischen, französischen, italienischen und russischen Staatsmännern, Chaim Weizmann, der Nachfolger des inzwischen verstorbenen Herzl sprach von dem Judenstaat als einer 'Schutzwehr' für die englischen Interessen im Nahen Osten.

Der Erste Weltkrieg brachte für die arabische Bevölkerung Palästinas eine entscheidende Wende. Palästina war bis 1917 vier Jahrhunderte lang Teil des Osmanischen Weltreichs gewesen. Die arabische Bevölkerung wünschte sich die Befreiung vom türkischen Joch. Diese Bestrebungen wurden im Ersten Weltkrieg von den Alliierten, vor allem den Engländern, ausgenutzt. Sie machten den Arabern Hoffnung auf Unabhängigkeit, wenn sie sich im Krieg der Alliierten gegen das Osmanische Reich, das ein Verbündeter Deutschlands war, auf ihre Seite stellen und kämpfen würden. Der Ausgang des Ersten Weltkriegs brachte dann jedoch eine herbe Enttäuschung für die Palästinenser und die übrigen arabischen Völker: Der ganze '**Fruchtbare Halbmond**', d.h., die Gebiete des heutigen Irak, Syrien, Libanon, Jordanien und Palästina kamen nun unter europäische Militärherrschaft. Schon im Sykes-Picot-Abkommen von 1916 (siehe Grafik links) hatten England und Frankreich durch nationale Grenzziehungen die Grundlage für die Besetzung des arabischen Raumes gelegt. Teil dieses Plans war die zionistische Besiedlung Palästinas.

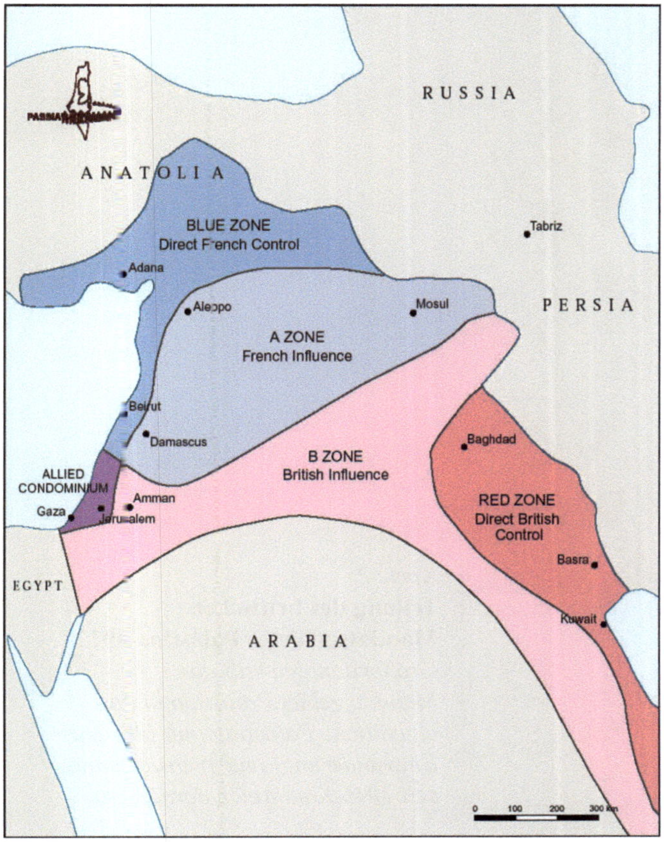


Palästina geriet so ab 1920 unter britische Mandatsherrschaft. Von einer Entlassung in die Unabhängigkeit war trotz der vorausgegangenen Versprechungen Englands und Frankreichs keine Rede mehr. Stattdessen hatte die britische Regierung eine für Palästina, die Palästinenser und die umliegenden arabischen Länder höchst folgenreiche Entscheidung getroffen, die den eigentlichen Beginn des gesamten Nahostkonfliktes bildet:

Im Jahre 1917 gab der britische Außenminister Lord Balfour in der Form eines Briefes an den jüdischen Baron Rothschild eine Erklärung ab, die der zionistischen Bewegung – die seit Ende des 19. Jahrhunderts begonnen hatte, Siedlungen auf palästinensischem Boden zu errichten – die Errichtung einer '**nationalen Heimstätte für das jüdische Volk**' in Palästina zusicherte. Aus der Balfour – Deklaration zitiert: **„Die Regierung Seiner Majestät betrachtet mit**

**Wohlwollen die Errichtung einer nationalen Heimstätte für das jüdische Volk in Palästina und wird bemüht sein, die Durchführung dieses Vorhabens nach Kräften zu erleichtern, unter der ausdrücklichen Voraussetzung, dass nichts geschehen soll, was die bürgerlichen und religiösen Rechte der in Palästina bestehenden nichtjüdischen Gemeinden … beeinträchtigen könnte.**“ Diese sogen. nichtjüdischen Gemeinschaften sind vor allem die palästinensischen Araber und sie stellten 1917 in Palästina 90% der Bevölkerung!

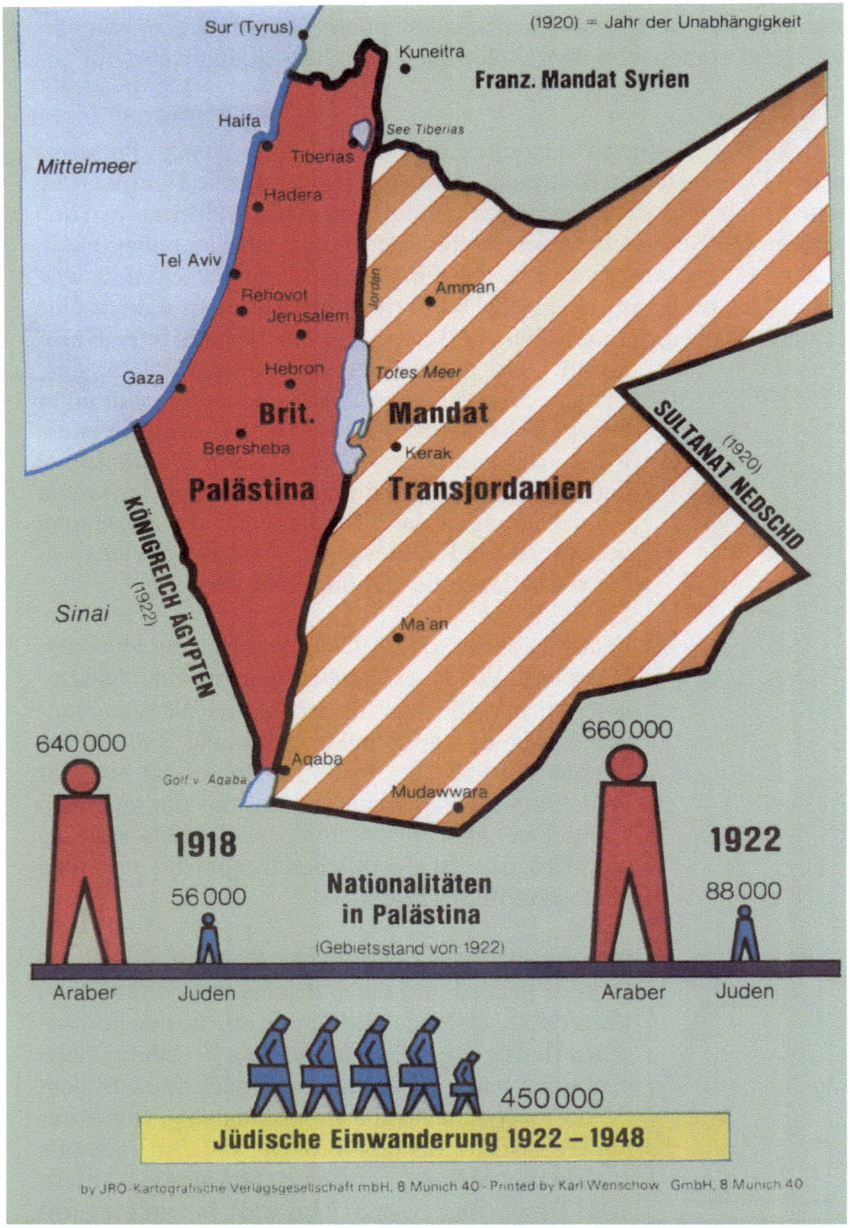


*Karte 2:*
**Teilung des britischen Mandatsgebietes Palästina 1922**
*Großbritannien teilt das Mandatsgebiet Palästina in das eigentliche Palästina (mit jüdischer Einwanderung) und Transjordanien ( seit 1946 Königreich Jordanien)*

Von den Schöpfern der Zionistischen Bewegung wurden zwei Mythen in die Welt gesetzt, die immer wieder zur Rechtfertigung der Errichtung des Judenstaates in Palästina herangezogen wurden. Der erste Mythos war: 'Ein Land ohne Volk für ein Volk ohne Land', d.h. die Existenz der Araber in Palästina, für die dieses Land seit Jahrhunderten Heimat ist, wurde schlichtweg ignoriert. In seinem Buch 'Der Judenstaat' schrieb Herzl: „Für Europa würden wir dort (in Palästina) ein Stück des Walles gegen Asien bilden, wir würden den Vorpostendienst der Kultur gegen die Barbarei besorgen."
Von hier aus entwickelte sich dann der zweite Mythos, dass das Land Palästina zu Beginn der jüdischen Besiedelung eine völlig unterentwickelte Wüste gewesen sei, die durch die Juden zum Blühen gebracht wurde und die sie erst bevölkert hätten.

Besonders verheerend wirkte sich bei der zionistischen Besiedlung aus, dass die Zionisten einen reinen Judenstaat wollten, d.h., in diesem Judenstaat sollte es auf keinen Fall Araber geben. Herzl: „Den Arabern darf im Judenstaat keine Arbeit gegeben werden, auch ist es der eingeborenen Bevölkerung untersagt, von Juden erworbenes Land zu kaufen." Die jüdischen Siedler wurden darüber hinaus angehalten, keine arabischen Waren zu kaufen. Um die Isolation der jüdischen Bevölkerung von der arabischen perfekt zu machen, schuf die zionistische Bewegung das hebräische Schulsystem, das darauf angelegt war, die Verständigung zwischen Juden und Arabern unmöglich zu machen. Privat und öffentlich wurde eine strikte Trennung von Juden und Arabern angestrebt. Dabei machte auch die zionistische Arbeiterbewegung keine Ausnahme, im Gegenteil.

Wie oben erwähnt, gab es schon während des Osmanischen Reiches Unabhängigkeitsbestrebungen der palästinensischen Araber. Es bildeten sich in diesem Prozess verschiedene politische Gruppierungen heraus. 1919 fand ein erster palästinensischer Kongress in Jerusalem statt.
Auf dem dritten palästinensischen Kongress, der 1920 in Haifa stattfand, wurde eine arabische Exekutive gewählt. Sie stellte bis 1934 das offizielle Sprachrohr der Palästinenser dar.

# Aufstände in Palästina zur Mandatszeit

Bereits zu Beginn der Mandatszeit gab es Unruhen unter den Palästinensern, die ihre staatliche Unabhängigkeit forderten und die sich vor allem gegen die zionistische Kolonisierung wandte. 1920 brachen in Jerusalem blutige Unruhen aus. Die Unruhen vom Mai 1921 in Jaffa drückten die Besorgnis der Bevölkerung um ihre Zukunft aus. 1929 entwickelte sich ein Aufstand, der sich über das ganze Land ausbreitete, so dass die Engländer sogar Verstärkung von ihren Truppen aus Ägypten anforderten. Wie nach jedem Aufstand setzten die Engländer auch diesmal eine Untersuchungskommission ein, die die Ursachen für den Aufstand herausfinden sollte. Aufgrund ihrer Ergebnisse gab die englische Regierung im Oktober 1930 eine neue Erklärung zu ihrer Palästina-Politik heraus, das sogen. '**Passfield-Weißbuch**' mit Beschränkungen für den Aufbau des jüdischen 'Nationalheims'. Im Februar 1931 gab der englische Premierminister MacDonald der intensiven Protestkampagne der Zionisten nach und nahm in einem Brief an Weizmann das Weißbuch praktisch zurück. Die Araber nannten diesen Brief den 'Schwarzen Brief'. Er zeigte deutlich, dass England an seiner prozionistischen Politik festhielt.

Der Zeitraum zwischen 1917 und 1948 wird als die Periode des palästinensisch-arabischen Widerstands schlechthin bezeichnet. Herausragend unter den vielen Aufständen war der Aufstand von 1936-39. Die Ursachen für diese Erhebung lagen in der zunehmenden zionistischen Besiedlung des Landes: von 1919-23 kamen etwa 35.000 Siedler, von 1924-31 rd. 85.000 Siedler. 1936 war der jüdische Bevölkerungsanteil auf 31% gegenüber 8% 1919 gestiegen.[1] Jüdisches Kapital erlangte langsam die Kontrolle über die gesamte Wirtschaft des Landes.

Durch den intensivierten Landkauf und -raub der Zionisten wurden zunehmend palästinensische Bauern landlos, Arbeiter arbeitslos. Denn die Zionisten setzten ihre Losungen: „**jüdische Arbeit, jüdisches Land, jüdische Waren**" gnadenlos durch und organisierten zunehmend direkte antiarabische Aktionen und Demonstrationen.

Einige blutige Auseinandersetzungen zwischen zionistischen Siedlern und Palästinensern waren dann die Initialzündung für den Ausbruch des palästinensischen Aufstands von 1936-1939. 1936 begann ein Generalstreik, der sechs Monate andauerte. Die Streiks wandelten sich schnell in bewaffnete revolutionäre Auseinandersetzungen um, deren Höhepunkt 1939 war.

Die Hauptforderungen des Aufstands waren:

- **Stopp der jüdischen Einwanderung**
- Verbot des Landverkaufs
- Bildung einer nationalen Regierung.

Über 10.000 Über- und Angriffe begingen arabische Kämpfer zwischen 1936 und 1939; circa 2850 Kämpfer wurden dabei getötet, zig-tausende verletzt und verwundet. Der Aufstand endete in einer Niederlage für die Palästinenser.

Die Zeit nach dem Ende des Aufstands war durch weitere starke zionistische Einwanderung gekennzeichnet sowie durch die Terrorakte zionistischer militärischer Untergrundorganisationen (Stern, Irgun, Haganah, Palmach) gegen die palästinensische Bevölkerung.

---

1 Von den rd. 2,56 Mio. Juden, die vorm Faschismus flohen, nahmen die USA nur 6,6% auf, Großbritannien nur 1,9% – das kleine Palästina dagegen 8,5%. Den Hauptanteil trugen die UdSSR mit 75,2% (!) (1,93 Mio. Juden).

# Die Jahre 1947 und 1948

## – die Teilung Palästinas
## – der erste israelisch-arabische Krieg

Am 1. Mai 1947 beschloss die UNO die Einsetzung eines Sonderkomitees – UNSCOP – für Palästina. Die UNO lehnte gleichzeitig den arabischen Antrag ab, das Mandat zu beenden und die Unabhängigkeit für Palästina zu erklären. 1947 lebten 1.897.000 Menschen in Palästina, darunter 608.000 Juden.

Am 3. September 1947 legte die UNSCOP ihren Bericht vor. Sieben der elf Komiteemitglieder sprachen sich für den sogen. Mehrheitsplan aus. Danach sollte Palästina in zwei unabhängige Staaten geteilt werden und Jerusalem einen Sonderstatus erhalten. Drei Komiteemitglieder (Indien, Iran, Jugoslawien) plädierten für eine Föderation zwischen einem jüdischen und einem arabischen Teilstaat mit Jerusalem als Hauptstadt. Diesen Plan lehnten die Zionisten kategorisch ab, dem Mehrheitsplan dagegen stimmten sie zu. Das Hohe Arabische Komitee lehnte jede Zusammenarbeit mit der UNSCOP ab, weil diese einen Zusammenhang zwischen der Judenverfolgung in Europa durch die Nazis und der Teilung Palästinas herzustellen versuchte. Schließlich beschloss die Mehrheit der UNO-Vollversammlung aufgrund des UNSCOP – Berichtes die Annahme des Teilungsplans (33 ja, 11 nein Stimmen, 10 Enthaltungen).

UNO und Sicherheitsrat konnten wegen des arabischen Widerstandes die Durchführung des Teilungsplans nicht übernehmen. Das Hohe Arabische Komitee beschloss im Dezember 1947 einen Generalstreik und den verstärkten Boykott gegen die Zionisten. Die arabischen Staaten besaßen nur zwei Druckmittel: sie drohten mit dem Entzug der Ölkonzessionen und mit einem Krieg gegen den entstehenden jüdischen Staat. So wäre der Beschluss der UNO nur mit militärischer Gewalt durchzusetzen gewesen. Großbritannien wollte diese Verantwortung nicht übernehmen und begann schon 1947, seine Einrichtungen zu verlassen. Die Kommission teilte der UN ihre Ohnmacht mit und warnte vor einer Katastrophe in Palästina nach dem Rückzug der britischen Truppen. Großbritannien beschwerte sich mehrmals wegen der anhaltenden Einwanderung von Juden: so ließ z.B. die bulgarische Regierung Schiffe mit illegalen Einwanderern auslaufen. Außerdem gelangten zunehmend illegale Waffentransporte für die Zionisten nach Palästina.

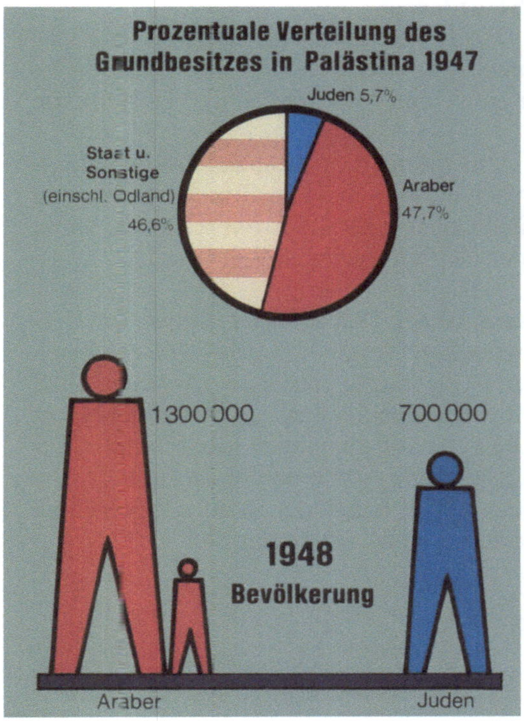


**Die Karte 3 zeigt, wie die Verteilung des Grundbesitzes 1947 aussah.**
*Trotz gezieltem Kauf von Grundbesitz durch die „Jewish Agency“, die die Mittel des „Jewish National Fond“ zur Verfügung hat, befinden sich 1947 nur knapp 6% des Grund und Bodens in Palästina in jüdischer Hand.*

Um mehr Land zu gewinnen und den geplanten Staat errichten zu können, musste von zionistischer Seite eine Strategie der Anschläge und Vertreibung der einheimischen Bevölkerung durchgeführt werden. So verübte am 5. Januar 1948 die Haganah einen Anschlag gegen das Samiramis – Hotel in Jerusalem, in dem zwei arabische Jugendorganisationen ihren Sitz hatten; 20 Palästinenser starben. Das Gebäude des arabischen Nationalkomitees flog am selben Tag in die Luft; 60 Menschen wurden dabei getötet. **Die zionistischen Kampf- und Terrorgruppen (Haganah, Irgun, Stern) schlossen sich in der Zahal (spätere israelische Armee) zusammen.** Seit dem Teilungsbeschluß waren die Toten schon auf 2307 Personen gestiegen. Allein zwischen Dezember 1947 und Februar 1948 wurden durch Bombenangriffe der Irgun, Haganah und Stern auf Marktplätzen und Cafés 161 Palästinenser getötet und 320 verletzt. Die Angriffe weiteten sich aus. Es gab Anschläge auf arabische Hotels, Häuser, Büros, Polizeistationen und Banken – mehr als 200 Menschen wurden getötet, darunter viele Kinder. Am 30.12.1947 griff eine Palmach-Gruppe das Dorf Balad-al Scheikh an; 60 Palästinenser wurden in den Häusern ermordet. Am 1. April 1948 überfielen Kommandos von Irgun und Stern (unter der Führung von Menachim Begin) das Dorf Deir Yassin und ermordeten auf grausame Weise 245 Palästinenser, meist Kinder und ältere Menschen. Mädchen waren vergewaltigt und schwangeren Frauen mit dem Messer der Bauch aufgeschlitzt worden.
Auch vor der Ermordung von Juden und Briten schreckten die jüdischen Untergrundorganisationen nicht zurück. Im Juli 1946 bombte die Aragon-Gruppe das Britische Verwaltungscenter im King-David-Hotel in Jerusalem in die Luft. Unter den 91 Toten waren Briten, Palästinenser und Juden. In dieser Zeit hatten die Briten mit dem Truppenabzug begonnen und verließen teilweise fluchtartig ihre Einrichtungen.

**Am 14. Mai 1948 gab Großbritannien sein Mandat über Palästina an die UNO ab.**

**Am 15. Mai 1948 proklamierte die zionistische Bewegung den Staat Israel.**

Zu diesem Zeitpunkt hatten Haganah, Stern und Irgun bereits planmäßig zahlreiche Städte wie Haifa, Jaffa, Accra, Safad, Tiberias angegriffen und zum Teil besetzt – darunter eine Reihe von Städten und Dörfern, die laut UN-Teilungsplan im arabischen Teil Palästinas liegen sollten.
Als die arabischen Armeen, schlecht ausgerüstet und mit maximal 20.000 Mann Truppenstärke ohne gemeinsames Oberkommando, nach dem völligen Abzug der Briten eingriffen, um der weiteren gewaltsamen Eroberung Palästinas Einhalt zu gebieten, befanden sich die israelischen Einheiten längst in der Offensive. Letztere waren mindestens 45.000 Aktive, mit militärischer Erfahrung und modernen Waffen ausgerüstet.

**Am Ende des Ersten Nahostkrieges kontrollierte der neue Staat Israel 78,5% des Landes. Im UN-Teilungsplan hatte für den jüdischen Teil 56,4% des Landes vorgesehen** (vergl. die Karte). Die Zionisten hatten zu der Zeit rd. 800.000 Palästinenser mit ihren Terroraktionen in die Flucht getrieben. Zwischen 1948 und 49 verließen immer neue Ströme von Flüchtlingen das Land. Oft wanderten die Familien nur in der Nacht weiter, um sich am Tage vor israelischen Angriffen zu verstecken. Die Zelte, die man ihnen gab, schützten nur vor Wind und Regen. In den Lagern lebten die Palästinenser ohne Pass, ohne Arbeit und ohne Zukunft. Die gewaltsame Vertreibung des palästinensischen Volkes durch den neuen Staat Israel, der Raub seiner Heimat und die Verweigerung der Rückkehr trugen bereits die Keime einer neuen Konfrontation in sich.

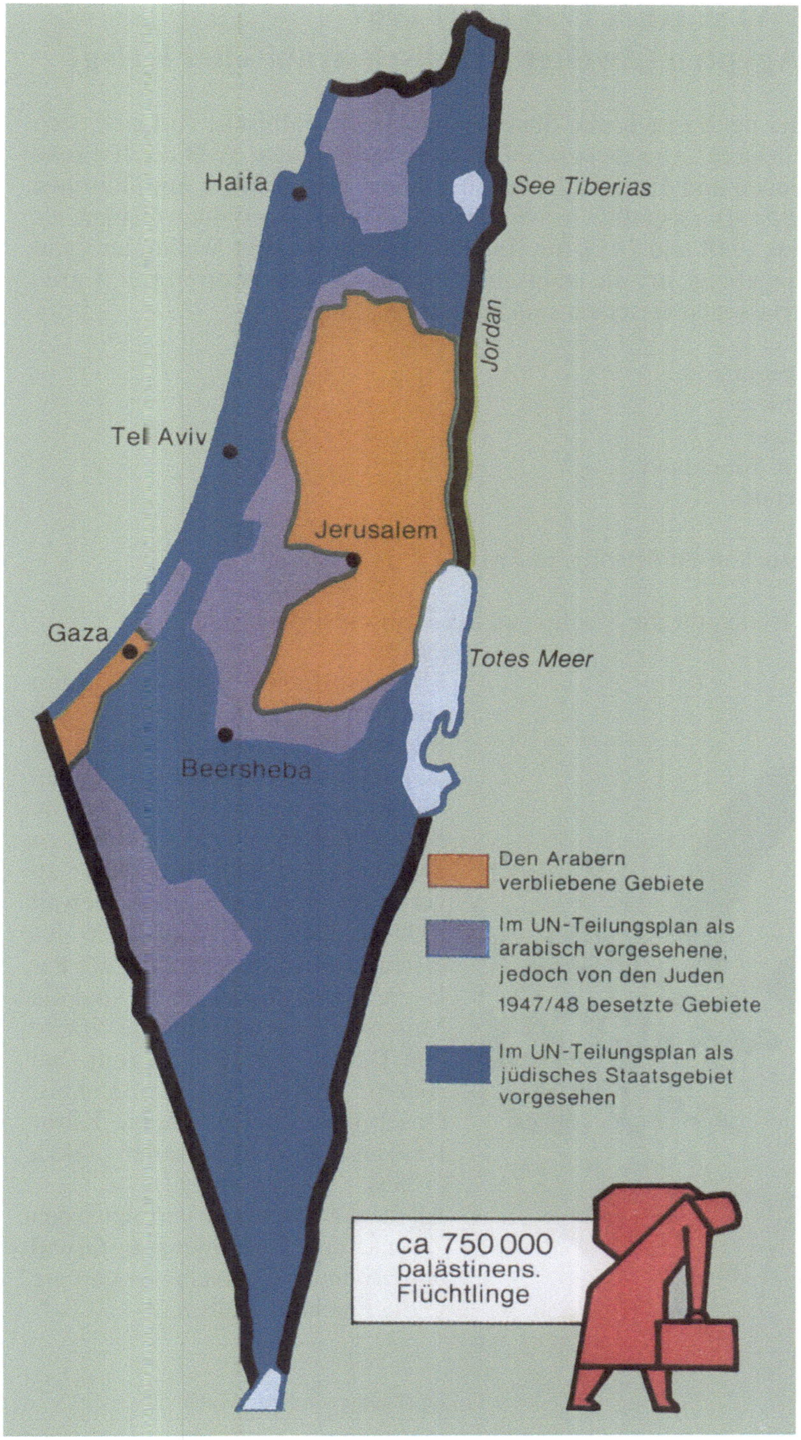


Karte 3
**Palästina nach 1948**
Der einseitige Teilungsbeschluss der UNO löste den arabisch-israelischen Krieg aus, der mit der Niederlage der Araber endet. Diese führt dazu, dass der neue Staat Israel weit über den UN-Beschluss hinausgehend nun rd. 78,5% der Fläche Palästinas einnimmt. Zwischen 750 und 800.000 Palästinenser flüchten aus den jetzt israelischen Gebieten.

# DIE ZEIT ZWISCHEN 1948 UND 1967

## 1956 Dreieraggression gegen Ägypten (Zweiter israelisch-arabischer Krieg)

Nach dem 1948/49iger Krieg stellte sich der neue israelische Staat als wichtigste politische Aufgabe, sich den Boden Palästinas anzueignen, zu 'israelisieren'. Um dieses Ziel zu erreichen, drängte 1948 die Jüdische Agentur darauf, neue Siedlungen zu erschließen und die dicht besiedelten arabischen Gebiete mit jüdischen Siedlungen zu durchdringen. Die israelische Siedlungspolitik sah die nicht von Juden bewohnten Gebiete als unbewohnt an und versuchte allein zwischen 1948 und 1951 für 700.000 Neueinwanderer Wohnraum (und Land) zu beschaffen. Durch die Militärgesetzgebung, der die arabische Bevölkerung unterworfen war, wurde der Landraub 'legalisiert'. Von den vielen erlassenen Gesetzen sind zu nennen:

1) Die Verteidigungs- und Notstandsgesetzgebung
2) Die Verordnung über die verlassenen Gebiete
3) Das Gesetz zur Beschlagnahmung von Land
4) Die Verordnung über die Kultivierung von Brachland
5) Das Gesetz über die Besitztümer Abwesender
6) Das Ersitzungsgesetz
7) Das Gesetz über den Erwerb von Grundstücken für öffentliche Zwecke
8) Das Basis-Gesetz.

(Vergl. hierzu das Kapitel: Wie gelangt der Boden für die Siedlungen in israelischen Besitz?)

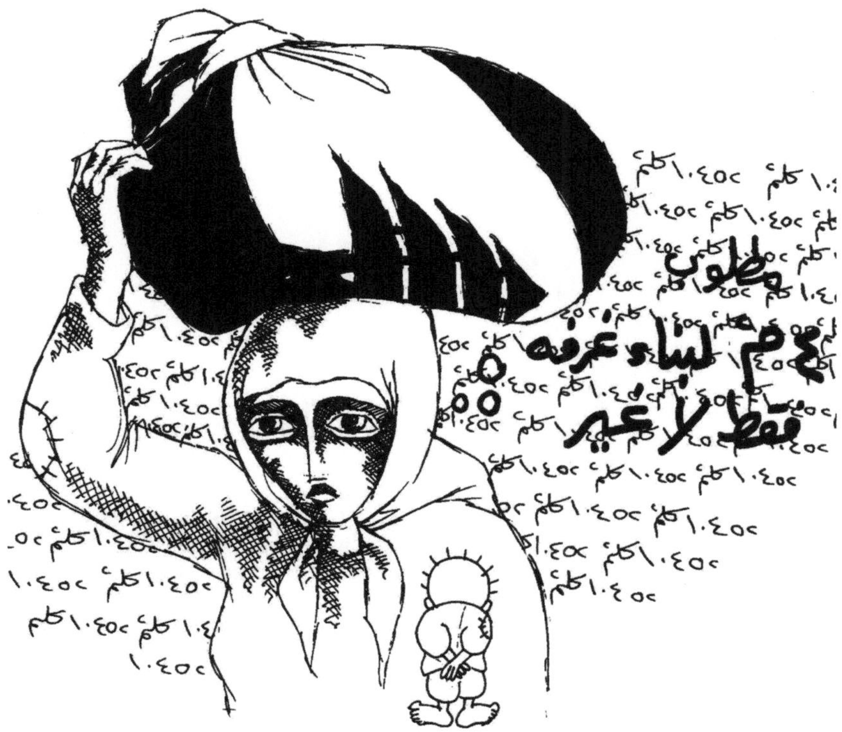

Mithilfe dieser Gesetze wurden allein zwischen 1948 und 1953 370 Siedlungen errichtet; 320 davon auf dem Land abwesender Anwesender. Planmäßig wurde die israelische Armee eingesetzt, um Dörfer zu zerstören und ihre Einwohner zu vertreiben. Die zionistische Gewalt richtete auch nach dem Ende des ersten Nahostkrieges gegen die Palästinenser. Beispiele dafür sind die Massaker gegen arabische Städte und Dörfer wie 1951 in Iqut (bei Akko), in Al-Tirah (1953), Abu-Gosch (1953 bei Al Quds), Kufur Kassem (1956 bei Tulkarem), Akka (1956).

All diese Maßnahmen verfolgten den Zweck, den Palästinensern Grund und Boden wegzunehmen und sie in die Flucht zu treiben.

Zeichnung von Nagi Al-Ali

Die andauernde Aggressivität der israelischen Regierung, die Vertreibungen und die Inbesitznahme des palästinensischen Bodens führten schließlich 1964 dazu, dass sich eine eigenständige palästinensische Vertretung, die Palestine Liberation Organisation (PLO) gründete.

**1964 Gründung der PLO;**
**1965 Gründung der Al Fatah.**

## Die Dreieraggression gegen Ägypten 1956 – sogenannter Sinaifeldzug (Zweiter israelisch- europäisch-arabischer Krieg)

Als Ägypten unter Nasser im Juli 1956 den Suezkanal nationalisiert/verstaatlicht, wird es von Frankreich, England und Israel angegriffen ('Dreier-Aggression'). Im Oktober 1956 besetzen israelische Truppen den Sinai und das Ostufer des Sinai – der Kanal wird für die Schiffahrt gesperrt. Im November 56 landen britische und französische Truppen in Port Said. Im Dezember 56 beenden England und Frankreich auf Druck der UDSSR und USA ihre Intervention in Ägypten; die letzten israelischen Truppen verlassen Ägypten erst im März 1957. Auf arabisch-israelischer Ebene blieb die spannungsgeladene Atmosphäre in der Zeit zwischen dem Sinai-Feldzug 1956 und dem 6-Tage-Krieg 1967 im Ganzen unverändert.

# Dritter israelisch-arabischer Krieg
# Juni-Krieg 1967

Während des sogen. 6-Tage-Krieges im Juni 1967 griff Israel in einem Überraschungskrieg Ägypten, Syrien und Jordanien an und besetzte den Gazastreifen, die Westbank, Ostjerusalem, die Golanhöhen und die Sinaihalbinsel, d.h. Territorien, die viermal so groß sind wie das gesamte bisherige israelische Gebiet. Israel verfügt über die bestausgerüsteten Truppen im Nahen Osten sowie eine hohe waffentechnische Überlegenheit. Die arabischen Armeen waren auf diesen Krieg nicht vorbereitet. Sie hatten ihn auch nicht gewollt, wären sie doch in jeder Hinsicht die Unterlegenen gewesen.
Noch während des Krieges hatte die israelische Armeeführung erklärt, sie wolle keinerlei territoriale Gewinne. Im Siegestaumel nach dem Krieg vergaß man diese Erklärung schnell – wenn sie denn je ernst gemeint war. Die Massenmedien in den westeuropäischen Staaten und den USA begleiteten diesen Krieg begeistert auf israelischer Seite mit. Durch den Einsatz ihrer Propaganda wurde der Eindruck vermittelt, die Araber bereiteten die Auslöschung Israels vor. So genoss Israel in seinem dritten Expansionskrieg nahezu ungeteilte Sympathien in Westeuropa und Nordamerika.

Systematisch sprengte die israelische Armee arabische Häuser und sogar ganze Dörfer in die Luft. Im Verlauf des Krieges und sehr bald nach ihm fand erneut eine Fluchtbewegung der Palästinenser statt; meistens handelte es sich um regelrechte Vertreibung. Von dieser Vertreibung waren ca. 500.000 PalästinenserInnen betroffen. Das israelische Militär schuf mit dem Krieg und der Vertreibung die politischen und demographischen Voraussetzungen für die zionistische Besiedlung ganz Palästinas.

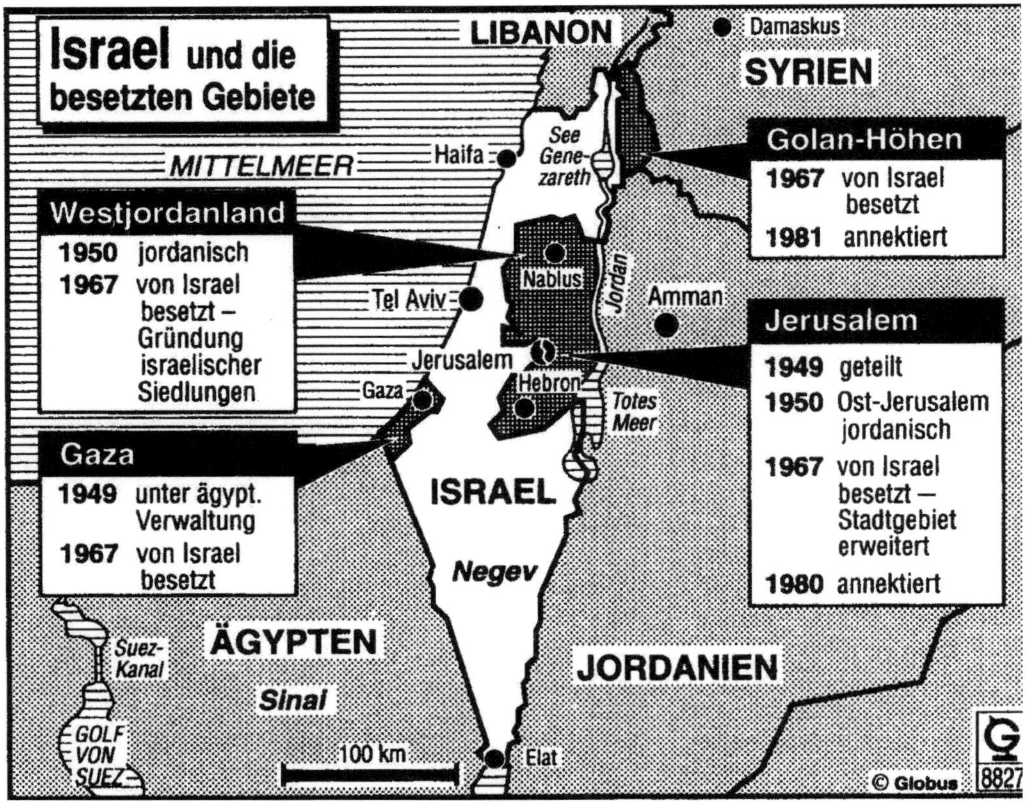


*Karte 5: Israel und die besetzten Gebiete nach 1967*

Die verheerende Niederlage von 1967 schuf die Voraussetzung für einen breiten palästinensischen Widerstand. In der ersten Phase nach 1967 ging es den Palästinensern bzw. der PLO nicht um eine militärische Konfrontation, sondern um ihre politische Wirkung. Grundlage für die Verbreiterung des Widerstands waren aber die militärischen Aktionen. Israel antwortete auf die Fedayin-Angriffe mit militärischen Gegenschlägen auf vermeintliche Basen der Guerilla. Eine dieser Basen hieß Karameh.

**Karameh** ist eine kleine Grenzstadt im Jordantal. Nach dem Junikrieg hatten viele Palästinenser hier in Notbehausungen und Zelten Zuflucht gefunden, nur eine Stunde Fußweg von Palästina entfernt. Die israelische Armee war entschlossen, diesen Stützpunkt der Palästinenser auszuheben und in wenigen Stunden mit den Freischärlergruppen aufzuräumen. Obwohl die israelische Armee überlegen war, entschieden sich die Palästinenser für den Kampf. Am 21. März 1968 greift Israel mit 15.000 Soldaten, begleitet von Panzereinheiten, Hubschraubern und Fallschirmjägern an. Ihr Ziel heißt Karameh; dort erleiden sie eine schwere Niederlage – ihre erste militärische Niederlage. Durch diesen palästinensischen Sieg erfuhr die palästinensische Revolution eine noch breitere Unterstützung der Volksmassen. Die Schlacht von Karameh war der politische und militärische Wendepunkt des palästinensischen Widerstands.

## Die israelische Besatzungspolitik in den seit 1967 besetzten Gebieten (Westbank, Gaza, Golanhöhen)

### 1. Die schleichende Annexion durch Siedlungspolitik

Ein Sonderausschuss der UN, der 1985 die Lage auf der Westbank untersuchte, kam zu dem Ergebnis, die von Israel verfolgte Politik lasse klar die Absicht erkennen, die seit 1967 besetzten Gebiete zu annektieren. Der beste Beweis dafür sei die Siedlungspolitik. Wenn man durch die Westbank fährt, sind die israelischen Siedlungen gar nicht zu übersehen. Durch das Jordantal zieht sich ein kilometerbreiter Gürtel von israelischen landwirtschaftlichen Großbetrieben, Industrieanlagen und Wohnsiedlungen. Ein Großteil der Siedlungen sind auf den Bergen errichtet; dadurch werden die Palästinenser unten in den Tälern überwacht und fühlen sich bedroht. Genau dies ist auch die Absicht, getreu dem Siedler-Motto: „Wer auf den Bergen sitzt, beherrscht die Umgebung." Viele größere Städte der Westbank, vor allem Ostjerusalem, Ramallah, Al Bireh, Nablus und Hebron (Khalil) sind von riesigen israelischen Siedlungen wie von einem Festungswall umgeben. An der Straße von Jerusalem zum Toten Meer entstand eine große israelische Stadt, Male Adumin, für zehntausende israelischer Siedler. Teilweise wurden jüdische Wohnviertel mitten in arabischen Städten errichtet, z.B. in Hebron. Die ersten Siedlungen wurden nach 1967 zuerst als 'Wehrdörfer', d.h. militärische Stützpunkte, verbunden mit landwirtschaftlichen oder industriellen Betrieben, errichtet. Später kamen dann private Siedler, die überwiegend sogen. Siedlerorganisationen angehören, d.h. Vereinen, die die Errichtung dieser Siedlungen fördern und durchsetzen. Besonders bekannt bzw. berüchtigt sind die radikalen Siedlerorganisationen 'Gush Enunim' (Bund der Getreuen) unter Leitung des Rabbis Moshe Levinger und die noch radikalere Kach-Gruppe unter Leitung des Rabbis Meir Kahane. Die Mitglieder dieser Organisationen sind hauptsächlich orthodoxe, d.h. senggläubige, oft fanatische Juden. Für sie ist das besetzte Gebiet 'befreites Gebiet', das ihnen zu Recht gehört und auf das sie einen historischen Anspruch haben, da es ihnen 'von Gott zugesagt' worden sei. Das belegen zahlreiche Äußerungen von Siedlern, wie z.B. die folgenden: „Wir haben uns in Elon Moreh (Siedlung bei Nablus) niedergelassen, da wir dazu auserwählt sind, das Land zu besiedeln, das Gott unseren Vorfahren gegeben hat" oder „es ist unmöglich, dass zwei Personen das Recht auf dasselbe Stück Land haben können. Wir haben ein absolutes Recht auf dieses Land, und nicht die Araber." Für diese Siedlungspolitik war zunächst vor allem die Likud-Partei und die Regierung von Ministerpräsident Begin (1977-83) verantwortlich. Begin hat die Errichtung von Siedlungen nicht nur begünstigt, sondern planmäßig vorangetrieben. Er sagte unter anderem: „Judäa und Samaria sind israelischer Boden, der dem jüdischen Volk gehört… Die Besiedlung ist ein Recht und eine Pflicht. Dieses Recht und diese Pflicht müssen und werden wir weiterhin erfüllen." Beim Besuch einer, von der vorhergehenden Regierung für illegal erklärten, Siedlung, Kaddum, sagte Begin: „Wir stehen hier auf befreitem Boden. Es wird noch viele Kaddums geben. Wir werden neue Siedlungen in Judäa, Samaria, dem Gazastreifen und auf den Golanhöhen errichten." Und Premier Schamir 1991: „Wir müssen den Siedlungsprozess fortsetzen und energisch voranbringen, um immer mehr Juden im Land 'Eretz Israel' zu haben" (An Nahar v. 9.9.91) und: „Wenn wir hier eine Siedlung errichten und dort eine Siedlung erweitern, so ist das einfach natürlich. Wir handeln nach unserem Verständnis, dass das Land uns gehört" (Interview mit der Zeitung 'Ma'ariv', übersetzt in 'Al Quds', 9.9.91). Alle Koalitionsregierungen, egal ob vom Likud oder Labour gestellt, verhalten sich in der Siedlungspolitik ähnlich; in der Labour-Ära unter Premierminister Rabin von 1992-96 wurden die Siedlungen sogar stärker ausgebaut als unter allen vorherigen Regierungen, besonders im 'Groß'-Jerusalem, dem Kernstück der israelischen Siedlungspolitik Auch nach Ausbruch der Ersten Intifada (1987) werden ständig weitere Siedlungen genehmigt und gebaut. Ab dem Jahr 1990 kommen jeden Monat

Tausende sowjetischer Juden nach Israel (allein im April 1990 10.500!). Für sie werden weitere Siedlungen gebaut. Im Verlauf der 90iger Jahre wandern einige hunderttausend sowjetische Juden aufgrund eines Vertrages zwischen der Sowjetunion unter Gorbatschow und Israel nach Israel ein. In den 90iger Jahren oblag es dem jetzigen Ministerpräsidenten Scharon, den Siedlungsbau mit aller Macht voranzutreiben. Ein Netz von Straßen, sogen. 'bypass-roads' verbindet in den besetzten Gebieten alle israelischen Siedlungen miteinander und diese wiederum mit dem israelischen Staatsgebiet. Auf diesen Straßen dürfen ausschließlich Israelis fahren, sie sind für die Palästinenser verboten (Apartheid). Palästinenser dürfen ebenfalls erst ab 200 m Entfernung zum Straßenrand bauen. Das palästinensische Wegenetz ist dagegen dünn und marode. Seit Beginn der Al-Aqsa-Intifada hat die israelische Armee außerdem noch viele dieser Straßen gesperrt oder mutwillig zerstört. Israel betreibt ununterbrochen Propaganda, um immer neue Gruppierungen von Juden als Siedler ins Land zu holen. Hierzu dienen vor allem die ständigen Antisemitismus-Debatten, die regelmäßig mit Aufforderungen der israelischen Regierung an die 'bedrohten jüdischen Bevölkerungsteile' enden, nach Israel einzuwandern. Seit Jahren schon hat Israel größte Schwierigkeiten, Menschen für seine weitergehende Besiedlungspolitik zu gewinnen. So kommt es, dass inzwischen Siedlungen auf besetztem palästinensischen Gebiet gebaut werden, ohne dass es überhaupt Siedler gibt, die die Siedlungen bewohnen. D.h., sie stehen leer.

**Mit dem illegalen Siedlungsbau im besetzten Palästina verstößt Israel gegen internationales Recht, verletzt ununterbrochen das Völkerrecht wie auch die vierte Genfer Konvention, Art. 49.**

Zeichnung von Nagi Al-Ali

## Wie gelangt der Boden für die Siedlungen in israelischen Besitz?

In den 1967 besetzten Gebieten geschieht dasselbe wie damals in den nach dem 48er Krieg eroberten arabischen Gebieten. Die israelischen Regierungen versuchen gegenüber dem Ausland, das diese Siedlungspolitik überwiegend kritisiert, den Anschein zu erwecken, dass bei der Landnahme alles 'legal' zugehe. Davon kann aber keine Rede sein. Das Land in den besetzten Gebieten wird enteignet unter willkürlichem Rückgriff auf Bestimmungen aus osmanischer Zeit, aus der Mandatszeit und aufgrund jordanischer und israelischer Gesetze. Dazu kommen illegale Landkäufe von Privatpersonen aufgrund gefälschter Verkaufsurkunden. Hier einige Beispiele für diese Praktiken:

**a) Enteignung aus sogen. 'Sicherheitsgründen' aufgrund von Notstandsverordnungen der Mandatszeit**
Das sieht folgendermaßen aus: Ein hoher israelischer Offizier gibt ein Gutachten ab, dass ein bestimmtes Gebiet zur Sicherung des israelischen Staatsgebiets dienen soll. Daraufhin wird das Gebiet zu 'militärischem Sperrgebiet' erklärt; später wird dort dann eine Siedlung errichtet.
Im Zuge dieser Praxis wurden nach 1948 ganze arabische Dörfer dem Erdboden gleichgemacht, z.B. die Dörfer Emmaus, Beit Nuba und Yalu an der Straße von Tel Aviv nach Jerusalem. Fast nie werden Entschädigungen an die vertriebenen Palästinenser gezahlt; und wenn überhaupt, stehen sie in keinem Verhältnis zum Wert des Bodens.

**b) Beschlagnahmung von sogen. 'Staatsland'**
Schon unter türkischer und später unter jordanischer Herrschaft gehörte ein Teil des Landes nicht einer Einzelperson, sondern dem türkischen bzw. jordanischen Staat. Dieses Staatsland wurde an bestimmte Familien zur landwirtschaftlichen Nutzung verpachtet. Es konnte nicht an Fremde weitergegeben werden, sondern ging auf die Erben über. Die Israelis erklärten dieses Land sofort zu israelischem Staatsland, obwohl das nach dem Völkerrecht in besetzten Gebieten verboten ist. Sie nahmen es den palästinensischen Pächterfamilien, die es bebauten, weg und übergaben es israelischen Siedlern.

**c) Enteignung wegen fehlender Besitzurkunden**
Von arabischen Bauern, die eigenes Land besitzen, verlangen die Israelis den schriftlichen Nachweis darüber, dass ihnen dieses Land auch wirklich gehört. Viele Familien besitzen jedoch solche Dokumente nicht; das war in früheren Zeiten weder üblich noch notwendig. Wird kein entsprechendes Dokument beigebracht, wird das Land ebenfalls zu israelischem Staatsland erklärt und konfisziert.

**d) Das Land 'Abwesender'**
Im 67er Krieg flohen viele palästinensische Familien genau wie im 48er Krieg in den Libanon oder nach Jordanien. Ihr Land und ihre Häuser wurden nach einem Erlass der Militärregierung sofort zu 'herrenlosem Besitz' erklärt und vom israelischen Staat in Besitz genommen. Wollten die Familien zurückkehren und konnten Dokumente vorweisen, die ihren Besitzanspruch belegten, wurde ihnen kurzerhand die Rückkehr verboten. Selbst Land von nur kurz Abwesenden, die sich am Stichtag 7. Juni 1967 z.B. auf einer Geschäftsreise im Ausland befanden, wurde beschlagnahmt.

**e)'Unbebautes Land'**
Nach einem islamischen, unter türkischer wie jordanischer Herrschaft praktizierten Gesetz wurde Land, das länger als drei Jahre nicht bebaut wurde, zu Staatsland erklärt. Auch auf dieses Gesetz beruft sich die israelische Militärregierung bei Enteignungen. Vorher sorgt sie jedoch systematisch dafür, dass der Besitzer oder Pächter des Landes lange genug daran gehindert wird, sein Land zu bestellen, z.B. durch ständige Ausgangsverbote oder Inhaftierungen wegen angeblicher Verstöße gegen die Sicherheitsbestimmungen.

**f) Enteignung als Strafe**

Vor allem seit der Ersten Intifada, aber auch schon früher, wurden und werden Häuser von Familien als Strafe für sogen. 'Terroraktionen' eines Familienmitgliedes gesprengt. Schon ein Stein, von einem Fünfjährigen auf einen israelischen Militärjeep geworfen, gilt als eine solche 'Terroraktion'. Häufig sind diese Aktionen reine Erfindung. Nach der Sprengung wird das Stück Land, auf dem das Haus stand, sofort konfisziert.

**g) Landkäufe**

Landkäufe gibt es entweder durch die vom israelischen Staat dazu ermächtigten Institutionen (Jewish National Fund, Israel Land Administration) oder auch durch Privatpersonen, meist Bauspekulanten. Letzteres ist eigentlich nach israelischem Recht illegal; die meisten dieser privaten Landkäufe wurden jedoch nachträglich stillschweigend akzeptiert und legalisiert. Inzwischen hat sich herausgestellt, dass viele dieser privaten Landkäufe kriminelle Vorgänge waren, d.h. jüdische Rechtsanwälte und Baufirmen, z.T. unter Mitwirkung arabischer Mittelsmänner, fälschten Verkaufsverträge und Unterschriften angeblich verkaufswilliger Palästinenser. Theoretisch ist es seit einigen Jahren für Palästinenser möglich, an das Israelische Hohe Gericht zu appellieren und gegen die Landnahme gerichtlich vorzugehen. Dies hat jedoch erfahrungsgemäß fast nie Erfolg, höchstens einen moralischen Effekt, nämlich den, die Öffentlichkeit auf die israelischen Praktiken aufmerksam zu machen. Ein Untersuchungsbericht, der 1984 von einem israelischen Politiker veröffentlicht wurde, der mit dieser Siedlungspolitik nicht einverstanden war, zeigt, dass Israel mit all diesen Methoden damals bereits über 50% des Bodens in der Westbank in seinen Besitz gebracht hatte. 1990 sind es in der Westbank und im Gazastreifen zusammen bereits 65%. Und es gibt mehr als 250 Siedlungen. Für die Errichtung der Siedlungen, aber auch als sogen. Strafmaßnahmen wurden und werden übrigens zehntausende wertvoller Oliven- und Obstbäume abgeholzt.

Für diese Siedlungspolitik gibt die israelische Regierung riesige Geldsummen aus, obwohl der Staat hoch verschuldet ist und wirtschaftlich in einer Dauerkrise steckt. Die israelischen Siedlungen werden im Ausbau der Infrastruktur (Straßenbau, Wasser- und Elektrizitätsversorgung, Kanalisation usw.) gegenüber den palästinensischen Gemeinden erheblich bevorzugt. Abends sieht man z.B. die Siedlungen auf den Bergen in gleißendem Flutlicht erstrahlen, während in den palästinensischen Dörfern unten in den Tälern tiefe Finsternis herrscht – mehrmals am Tag und in der Nacht wird nämlich jeweils für Stunden der Strom abgestellt.
Die Siedler in den besetzten Gebieten genießen erheblich mehr Rechte als die Palästinenser. Sie sind israelische Staatsbürger und können sich völlig frei bewegen; die Palästinenser dagegen werden ständig kontrolliert. Fast alle Siedler tragen Waffen, was den Palästinensern strengstens verboten ist und streng bestraft wird. Die Siedler üben ihr eigenes, vom israelischen Militär geduldetes Faustrecht gegenüber den Palästinensern aus; sie bedrohen oder schlagen sie, beschädigen ihr Eigentum, blockieren die Straßen und schießen sofort, sobald sie sich bedroht fühlen. Häufig werden Anschläge von den Siedlern gegen Palästinenser verübt, von denen wir jedoch in unseren Medien so gut wie nie etwas erfahren. Bekannt werden nur spektakuläre Fälle, z.B. der Bombenanschlag auf drei palästinensische Bürgermeister, bei dem der damalige Bürgermeister von Nablus beide Beine verlor. Ein zweiter Bürgermeister starb später an den Folgen des Anschlags. Andere Anschläge wurden zum Glück in letzter Minute verhindert, so wurde z.B. eine Bombe in einem arabischen Schulbus noch rechtzeitig entdeckt. Die Siedler werden, wenn man ihrer habhaft wird, zwar bestraft; meistens fallen diese Strafen aber sehr milde aus. So wurden z.B. die Siedler, die den Anschlag auf die Bürgermeister verübt hatten, zunächst zu zwei bis drei Jahren Gefängnis verurteilt, aber schon nach ein paar Wochen war der Haupttäter wieder auf freiem Fuß. Er war, angeblich aus Gesundheitsgründen, begnadigt worden. Der Vorsitzende der Likud-Partei, Yizhak Schamir, sagte dazu, das seien '**gute Jungs, die in ihrem Eifer etwas zu weit gegangen seien**'.

Bis heute (2004) wird der Siedlungsbau intensiv vorangetrieben. Befanden sich noch 1977 lediglich 7000 Siedler in den besetzten Gebieten, so erhöhte sich ihre Zahl bis 2003 auf insgesamt gut 200.000 Siedler in Westbank und Gaza sowie ca. 180.000 Ost-Jerusalem, also insgesamt knapp 400.000 Siedler! Ein eklatanter Verstoß gegen das Völkerrecht (Art. 49 der 4. Genfer Konvention), was unzählige UN-Resolutionen zum Abbau aller Siedlungen beweisen. Auch der sogen. Friedensprozess seit 1993 änderte nichts an der Siedlungspolitik: von 1992 bis 2002 wuchs die Zahl der Siedler in der Westbank von 110.000 auf rd. 200.000 Siedler. In der Westbank verfügen die 200 Siedlungen über mehr als 40% des Bodens; in Gaza verfügen 19 Siedlungen mit rd. 7.000 Siedlern über 30% des Territoriums. Ein Netz von Straßen (sogen. bypass-roads), die nur von Israelis benutzt werden dürfen, verbindet die israelischen Siedlungen miteinander und mit dem israelischen Kernland. Die Siedlungen wie auch die Straßen zerschneiden die besetzten Gebiete in einen Flickenteppich. Dieses Netzwerk von Straßen, Siedlungen und Militärzonen bedeutet eine schleichende Annexion des Landes und bilden ein System der Apartheid. Zusätzlich zum Siedlungsring um Jerusalem wurden neue Siedlungsringe um die palästinensischen Zentren Nablus, Hebron, Ramallah und Bethlehem gezogen und kantonisierten das Land schon, bevor dies durch die Oslo-Verträge mit ihrer Aufteilung in ABC-Zonen passierte.

## 2. Kolonisation durch wirtschaftliche Abhängigkeit

Von israelischer Seite hört man häufig die Behauptung, den Palästinensern gehe es seit der israelischen Besatzung viel besser als früher, sie verdienten mehr, ja, Israel treibe geradezu Entwicklungspolitik in den besetzten Gebieten. Das ist reine Propaganda. Nur eine ganz kurze Zeit, gleich nach 1967, konnten Palästinenser, die in Israel arbeiteten, mit ihrem Verdienst in den besetzten Gebieten mehr anfangen als vorher, da die Preise in den besetzten Gebieten sich noch nicht an diejenigen des israelischen Staatsgebiets angeglichen hatten. Aber dann stiegen die Preise in den besetzten Gebieten sehr rasch, die israelische Inflation wurde importiert. Da die arabischen Arbeitskräfte grundsätzlich weniger verdienen als israelische, konnten ihre Löhne bald nicht mehr mit den steigenden Preisen Schritt halten. So ging es den Familien bald schlechter als vor 1967.
Was die Zionisten 'Entwicklungspolitik' nennen, ist in Wahrheit reine Kolonialpolitik. Die besetzten Gebiete wurden systematisch wirtschaftlich von Israel abhängig gemacht. Die Landwirtschaft wurde fast ganz auf die israelischen Bedürfnisse ausgerichtet. Sofort nach 1967 überschwemmten israelische landwirtschaftliche Produkte (Olivenöl, Obst, Gemüse, Getreide) die besetzten Gebiete zu Billigpreisen, die von der israelischen Regierung subventioniert waren. Damit war der Markt für einheimische Produkte verdorben. Die Ausfuhr nach Jordanien wurde systematisch behindert, die Exporte mit hohen Zöllen belegt. So blieb den palästinensischen Bauern nichts anderes übrig, als die landwirtschaftliche Produktion auf die Produkte umzustellen, an denen Israel Interesse hatte wie z.B. Tabak, Pistazien, Baumwolle. So wurde die palästinensische Bevölkerung der besetzten Gebiete von den Lebensmittellieferungen Israels abhängig.
Noch größer ist die Abhängigkeit von den israelischen industriellen Produkten. Die israelische Militärregierung blockierte den Ausbau der vorhandenen palästinensischen Industrie; teilweise wurden Betriebe zwangsweise geschlossen oder leisteten nur noch Zulieferdienste für israelische Betriebe. Ein Beispiel für viele: Ein palästinensischer Unternehmer baut auf der Westbank mit israelischer Genehmigung, die er schwer erkämpft hat, eine Spaghettifabrik. Als sie fertig ist, wird die Inbetriebnahme mit dem Argument verboten, in Israel gebe es schon genug Spaghettifabriken! Israelische Investitionen in den besetzten Gebieten werden dagegen mit gewaltigen staatlichen Beihilfen unterstützt. Gleichzeitig strömten israelische industrielle Produkte in die besetzten Gebiete; es blieb den Palästinensern also auch hier nichts anderes übrig, als auf sie zurückzugreifen.

Durch die Landenteignungen verloren Tausende von Bauern ihre Existenzgrundlage. Wenn sie nicht auswandern

und in anderen Ländern, z.B. den Golfstaaten, Arbeit suchen konnten oder wollten, mußten sie in israelischen Betrieben arbeiten. Vor 1967 lebten in der Westbank 65% der Bevölkerung von der Landwirtschaft, 1985 nur noch 22%. Mehr als 50% der Erwerbstätigen der Westbank arbeiteten bis zum Beginn der Ersten Intifada in israelischen Betrieben; die Westbank und Gaza wurden zu einem Schlafsaal für die in Israel arbeitenden Palästinenser. In den israelischen Betrieben sind die palästinensischen Arbeitnehmer Arbeitskräfte zweiter Klasse. Sie werden für dieselbe Arbeit schlechter bezahlt als die israelischen Arbeitnehmer und erhalten keine Sozialversicherung. Es gibt sehr viel Leiharbeit; die Leiharbeiter sind besonders schlecht gestellt.
Die mächtige zionistische Gewerkschaft Histadruth setzt sich in keiner Weise für die palästinensischen Arbeitskräfte ein; eigene palästinensische Gewerkschaften sind verboten.
Die israelische Zeitung 'Haaretz', die der eigenen Regierung kritisch gegenübersteht, schrieb einmal über die Situation der Palästinenser in Israel: „Die Politik in Israel den Arabern gegenüber kann man nur mit der Politik in den USA des vorigen Jahrhunderts den Indianern gegenüber vergleichen."
Dieselben Repressionen gelten für alle Wirtschafts- und Berufszweige. Es gibt inzwischen überall auf der Welt viele Tausende von gut ausgebildeten palästinensischen Fachkräften, Facharbeitern, Ingenieuren, Ärzten usw. – aber es wird ihnen nicht erlaubt, in den besetzten Gebieten zu arbeiten oder nur unter solchen Bedingungen, dass sie damit keine Familie gründen und ernähren können.

## 3. Behinderung aller anderen Lebensbereiche

### a) Repressionen im Gesundheitswesen

Eine Dozentin der Universität Bir Zeit bei Ramallah faßte die Situation im Gesundheitswesen in den besetzten Gebieten treffend zusammen: „Wir Palästinenser wären selbstverständlich in der Lage, ein funktionierendes Gesundheitswesen aufzubauen, aber man lässt uns nicht." In vielen Ländern warten qualifizierte palästinensische Ärzte darauf, endlich in ihrer Heimat arbeiten zu dürfen. Die Golfstaaten haben genügend Geld zum Bau von Krankenhäusern bereitgestellt, aber die Ärzte werden nicht in die besetzten Gebiete hineingelassen, die Baugenehmigungen nicht erteilt, ja sogar begonnene Bauvorhaben mittendrin gestoppt. So ist es kein Wunder, dass die bestehenden Krankenhäuser nicht ausreichen und meist überbelegt sind. Das gleiche gilt auch für Entbindungsstationen. Viele Frauen müssen daher alleine entbinden und oft stundenlang warten, bis sie und das Baby versorgt werden. Dadurch ist die Säuglingssterblichkeit in den besetzten Gebieten gestiegen. Den verschiedenen palästinensischen Frauenorganisationen kommt das große Verdienst zu, dass sie aus eigener Kraft diese gewollten und provozierten Defizite, so gut es geht, ausgleichen. So haben die Frauenorganisationen in allen größeren Orten, teilweise auch in den Flüchtlingslagern, Gesundheitsstationen eingerichtet, wo einfachere Behandlungen durchgeführt werden und Mütter- und Familienberatungen stattfinden. Aber bei allem bewundernswerten Einsatz der Frauen – ein gut funktionierendes Gesundheitswesen kann dadurch nicht ersetzt werden.

### b) Systematische Unterdrückung im Bildungswesen

Besonders krass machen sich die repressiven Eingriffe der israelischen Militärbehörden im Bereich des Bildungswesens bemerkbar. Sie versuchen mit allen Mitteln, die Ausbildung der palästinensischen Jugend zu erschweren, wenn nicht ganz zu verhindern. Dabei ist der Bildungswille unter den palästinensischen Jugendlichen außerordentlich stark; ein hoher Prozentsatz macht Abitur. Auf dem relativ kleinen Territorium der besetzten Gebiete gibt es sechs Universitäten mit vielen Tausenden von Studenten. Die Universitäten führen auch Alphabetisierungsmaßnahmen für Erwachsene durch. Die Analphabetenrate war stark gesunken, bis nach Ausbruch der Ersten Intifada die Militärbesatzung durch dauernde Schulschließungen neuen Analphabetismus zu produzieren versuchte. Die Bildungsarbeit wird durch die Militärbehörden ständig erschwert und blockiert, hauptsächlich durch die Schließung von Schulen und Universitäten, meist aus nichtigen Anlässen oder als Kollektivstrafmaßnahme. **Seit Beginn der Intifada im Dezember 1987 sind alle Schulen und Universitäten geschlossen!** Unterricht kann nur geheim, in ständig wechselnden Verstecken erfolgen. Andere Repressalien waren/sind Straßenblockaden (checkpoints), durch die Schüler, Studenten und Dozenten am Betreten der Schule bzw. Universität gehindert werden. Dabei werden die Ausweise kontrolliert und häufig wird ohne Angabe von Gründen die Identitätskarte (identity card) einbehalten, ohne die man in den besetzten Gebieten keinen Schritt tun kann. Schüler, Studenten und Dozenten werden immer wieder zur Militärpolizei vorgeladen und stundenlangen Verhören unterzogen. Oft kommt es zu Inhaftierungen, dabei auch häufig zur sogen. Administrativhaft (Haft ohne Anklage und Prozess und ohne die Möglichkeit, einen Anwalt hinzuzuziehen). Sehr häufig wissen die Betroffenen nicht, warum sie inhaftiert werden; oft geschieht das gezielt unmittelbar vor einem Examen, so dass die Betroffenen mindestens ein Jahr verlieren.

Der Ausbau und die Erweiterung von Schulen und Universitäten wird durch Israel verhindert; ständig finden Razzien statt, bei denen Bücher und Zeitschriften konfisziert werden. Forschungsvorhaben werden blockiert, ausländischen Gastdozenten die Arbeitserlaubnis verweigert, Auslandsreisen palästinensischer Dozenten nicht gestattet. An den beiden größten Universitäten, in Bir Zeit und Nablus, gab es viele Jahre lang aus Protest keinen Rektor, da die beiden Rektoren deportiert worden waren. Auch die Erwachsenenbildungsprogramme werden immer wieder behindert. Wenn Schüler, Studenten und Lehrer gegen diese Repressionen protestieren und beispielsweise eine Demonstration dagegen machen, wird dies rigoros unterdrückt. Teilweise wird ohne Vorwarnung auf Demonstranten geschossen; dabei wurden schon vor der Ersten Intifada viele Schüler und Studenten getötet. Als Begründung für diese Schikanen wird angegeben, die Schulen und Universitäten seien Zentren illegaler politischer Tätigkeit und Brutstätten terroristischer Aktionen. Für die Palästinenser ist klar, worauf alle diese Unterdrückungsmaßnahmen hinauslaufen: sie sollen bewusst dumm gehalten werden.
Was über die Beschneidung und Behinderung der Wirtschaft sowie des Gesundheits- und Erziehungswesens berichtet wurde, gilt für alle Lebensbereiche.

## 4. Menschenrechtsverletzungen am laufenden Band

Ganz allgemein sind die Palästinenser der besetzten Gebiete ständigen Repressionen seitens der Besatzungsmacht ausgesetzt. Von Einschränkungen, systematischen Behinderungen und Schikanen in den verschiedenen Lebensbereichen war bereits die Rede. Insbesondere aber ist jede politische Meinungsäußerung und Betätigung verboten und wird brutal unterdrückt. Wird jemand z.B. beim Verteilen von Flugblättern oder Sprühen von Parolen gefasst, wird er sofort inhaftiert. Ebenso werden Demonstranten, auch sehr junge, inhaftiert; und zwar Männer und Frauen in jedem Lebensalter. Schon vorher, aber besonders seit Beginn der Intifada, wird auf

Demonstranten geschossen, oft ohne Vorwarnung, oder sie werden brutal zusammengeschlagen. Viele dieser Bilder sind um die Welt gegangen.
Bei den Inhaftierungen häufen sich die Fälle von Administrativhaft; oft werden die Angehörigen nicht benachrichtigt und wissen lange Zeit nicht, wo der Inhaftierte ist. Bei Verhören und in der Haft wird – trotz aller gegenteiligen israelischen Behauptungen und trotz aller Proteste von Menschenrechtsorganisationen – geschlagen und gefoltert. Die Zustände in den überfüllten Gefängnissen sind katastrophal (**zur Situation der politischen Gefangenen siehe Anhang**). Häufige sonstige Strafen sind Haus- oder Stadtarrest und die völkerrechtlich verbotenen, in der ganzen Welt kritisierten Deportationen. Von der drastischen Strafe der Häusersprengung und anschließenden Enteignung der Grundstücke wurde schon gesprochen. Sehr oft werden über ganze Ortschaften, besonders aber über die Flüchtlingslager, tagelange Ausgangssperren verhängt, mit katastrophalen Folgen für die physische und psychische Verfassung der Menschen. Da auch Ärzte Ausgangsverbot haben, kommt es immer wieder zu Todesfällen.
Jede Palästinenserin, jeder Palästinenser ist ständigen persönlichen Demütigungen und Provokationen ausgesetzt. Autos von Palästinensern haben besondere Kennzeichen, so daß die Militärkontrollen sie sofort erkennen, anhalten und kontrollieren können. Keine noch so kurze Fahrt ohne Kontrolle! Ebenso wie bei Schülern und Studenten wird auch bei allen anderen Bürgern immer wieder die unentbehrliche Identitätskarte einbehalten. Der Weg, sie wiederzuerhalten, ist lang und voller Demütigungen.
Seit Ausbruch der Ersten Intifada haben sich die Menschenrechtsverletzungen zu teilweise unglaublicher Brutalität gesteigert. Kaum noch jemand ist seines Lebens sicher, jede Familie hat Angehörige verloren.
Ein palästinensischer Rechtsanwalt und Schriftsteller schreibt über das Ziel all dieser Unterdrückungsmaßnahmen: „**Furcht, Scham und Demütigung sollen uns dazu bringen, aufzugeben, d.h., entweder das Land zu verlassen oder mit den Besatzern gemeinsame Sache zu machen.**“

## 5. Die Situation in den Flüchtlingslagern

Was über die Unterdrückungsmethoden und Menschenrechtsverletzungen der israelischen Besatzungsmacht in den besetzten Gebieten gesagt wurde, gilt in besonderem Maße für die Flüchtlingslager.
Im Krieg von 1948, der teilweise mit großer Grausamkeit geführt wurde, und durch die Gründung des Staates Israel flohen 750.000 von insgesamt 1,3 Millionen Palästinensern in die Westbank, den Gazastreifen und die umliegenden arabischen Länder, vor allem nach Jordanien, in den Libanon und nach Syrien. Sie wurden in Lagern untergebracht, die eilig von der UNO-Organisation UNRWA errichtet worden waren. Zuerst in Zelten, dann in winzigen, primitiven Baracken – wo sie noch heute leben – inzwischen mehr als eine Million. Inzwischen ist eine zweite und dritte Generation herangewachsen. Dem Krieg von 1967 folgte eine zweite große Flüchtlingswelle von rd. 500.000 Palästinensern, davon die knappe Hälfte, die zum zweiten Mal flohen. 1995 gab es weltweit laut UNWRA-Statistiken mehr als vier Millionen palästinensische Flüchtlinge, von denen rd. 1 Million in Flüchtlingslagern in den besetzten Gebieten und in den arabischen Ländern leben. Etliche von ihnen haben drei oder vier Vertreibungen erfahren.

**Diese Situation macht deutlich, dass jede Regelung über einen gerechten Frieden für Palästina das Recht auf Rückkehr der palästinensischen Flüchtlinge beinhalten muss.**

## Die demographische Entwicklung der Palästinenser:

| | 1949 | 1987 | 1995 |
|---|---|---|---|
| Israel | 146.000 | 718.000 | 1.065.000 |
| Westbank | 670.000 | 860.000 | 1.556.000 |
| Gaza | 240.000 | 564.000 | 950.000 |
| Jordanien | 70.000 | 1.200.000 | 2.145.000 |
| Libanon | 100.000 | 270.000 | 550.000 |
| Syrien | 70.000 | 240.000 | 374.000 |
| übrige | 20.000 | 250.000 | 1.058.000 |
| | **1,3 Mio.** | **4,6 Mio.*** | **7,7 Mio** |

*** lt. UNWRA-Statistiken**
Eine weitere Statistik zur Zahl der Palästinenser einschl. der Flüchtlinge siehe Seite 30/31.

## Das tägliche Leben in den Lagern

Für eine Familie bis zu fünf Personen gibt es einen Raum von nicht mehr als 8 m², für größere Familien höchstens zwei solcher Räume, auch wenn sie, was oft der Fall ist, aus mehr als zehn Personen bestehen. Es ist klar, dass nur das Allernötigste in diesen Räumen Platz hat: die Matratzen müssen tagsüber aufeinander gestapelt werden, gekocht wird häufig auf dem kleinen Hof. Die Baracken haben oft keinen Wasseranschluss; das Wasser muss an offenen Zapfstellen geholt werden. Manche Lager haben keinen Strom; man muss Petroleumlampen und zum Kochen Gasflaschen verwenden. Kanalisation gibt es auch nicht immer; dann fließen die Abwässer in offenen Gräben die Gassen entlang. Die Gesundheitsversorgung ist mehr als mangelhaft. Nur die Schulversorgung war bis zum Beginn der Ersten Intifada besser. Alle Versuche der Flüchtlinge, der umwohnenden Bevölkerung oder studentischer Gruppen, die Zustände zu verbessern, wurden rigoros unterbunden.
Auch in den Lagern außerhalb Palästinas sieht es nicht viel besser aus. Nur sehr wenigen Palästinensern ist bisher der Absprung aus den Lagern gelungen, da dies vor allem eine finanzielle Frage ist. Die wirtschaftliche Lage der Flüchtlinge ist katastrophal. Die erwerbstätigen Mitglieder einer Familie, fast nur Männer, sofern sie nicht im Gefängnis sind, finden meist nur drei bis vier Monate im Jahr eine Gelegenheitsarbeit. Die ursprünglichen Lebensmittellieferungen der UNWRA sind inzwischen längst eingestellt; Lebensmittel von internationalen Hilfsorganisationen werden häufig nicht durchgelassen. Von israelischer Seite werden die Lager als 'Unruheherde' bezeichnet, bei den geschilderten Zuständen absolut kein Wunder. Mit ihrer Lagerpolitik produzieren die Israelis diese Unruheherde selber – und nehmen dies dann gleichzeitig zum Vorwand, mit den Lagerbewohnern besonders brutal umzuspringen. Razzien, Hausdurchsuchungen, Verhaftungen – meist nachts – sind an der Tagesordnung. Oft werden die männlichen Bewohner zusammen getrieben und verprügelt. Israelische Soldaten dringen in die Baracken ein, wenn Frauen alleine sind, beschimpfen und beleidigen und schlagen sie sogar. Das Schlimmste sind die häufigen Ausgangssperren – seit Beginn der Intifada noch häufiger als sonst. Man kann sich kaum eine schlimmere Psychofolter vorstellen als die **Ausgangssperren**: 10-15 Personen sind dann tagelang auf engstem Raum zusammengepfercht, oft mit viel zu geringen Nahrungsmittelrationen, in Angst und Unsicherheit. Eine Palästinenserin berichtet: „Nachts laufen die Soldaten durch die Gassen und schlagen mit Stöcken, Gewehrkolben oder Fäusten gegen Türen und Mauern und schreien: „Seid ruhig, ihr

Tiere, wieso hört man eure Stimmen auf der Straße?“ Während der Ausgangssperre ist keine ärztliche Versorgung möglich. Ärzte, die es dennoch wagen, während dieser Zeit Patienten zu behandeln, werden geschlagen oder verhaftet. Frauen müssen alleine entbinden; auch Schwerkranke oder Unfallopfer werden nicht versorgt. Eine Frau erzählt: „**Wir leben in einem ständigen Zustand der Angst. Man nimmt uns unsere Söhne. Man nimmt uns unseren Schlaf. Man nimmt uns unser Leben.**“

Zu den brutalen Schikanen der Soldaten kommen noch die der Siedler. So wurde z.B. das Lager Aldeheisha bei Bethlehem monatelang von Siedlern regelrecht belagert. Wollte jemand das Lager verlassen, wurde er tätlich angegriffen und am Verlassen des Lagers gehindert. Weit Schlimmeres geschah 1982, wie wir alle wissen, in den Flüchtlingslagern im Libanon. Mit Einwilligung der israelischen Aggressoren drangen libanesische Milizen in die Lager Sabra und Shatila in Beirut ein und metzelten Tausende von Palästinensern auf unvorstellbare Weise nieder. Immer wieder sind die Flüchtlingslager im Libanon Ziel von israelischen Raketenangriffen; oft spielt sich das Lagerleben deshalb in den Kellern ab. Ein großer Teil der Gebäude liegt in Trümmern; die Menschen müssen in diesen Trümmern hausen.

Trotzdem – oder gerade deshalb – ist der Widerstand in den Lagern besonders groß. Eine Palästinenserin aus einem Lager im Gazastreifen sagt: „Die Israelis wollen, dass wir schweigen. Aber wir schweigen nicht … Selbst wenn wir nichts als Salz haben, leben wir. Wenn nötig, werden wir auch Steine essen. Den Gefallen, aufzugeben, tun wir ihnen nicht.“

# Palästinenser weltweit

| Land | Jahr/1995 | % | Einheimische | Flüchlinge | nicht registr. | registr. (UN) | in Lagern | außerhalb | außer- |
|---|---|---|---|---|---|---|---|---|---|
| halb | | | | | | | | | |
| Israel | 1.064.975 | 13.83 | 1.064.975 | | | | | | |
| Gaza-Streifen | 950.345 | | 257.698 | 692.647 | 9.087 | 683.560 | 379.778 | 303.782 | 44,44 |
| West-Bank | 1.556.814 | | 851.162 | 705.653 | 188.241 | 517.412 | 132.508 | 384.904 | 74,39 |
| Autonomie-Gebiet | 2.507.159 | 32,57 | 1.108.860 | 1.398.300 | 197.328 | 1.200.972 | 512.286 | 688.686 | 57,34 |
| total | 3.572.134 | 46,40 | 2.173.835 | 1.398.300 | 197.328 | 1.200.972 | 512.286 | 688.686 | 57,34 |
| | | | | | | | | | |
| Jordanien | 2.145.451 | | 676.899 | 1.468.552 | 180.355 | 1.288.197 | 252.089 | 1.036.108 | 80,43 |
| Libanon | 550.000 | | 55.000 | 495.000 | 148.836 | 346.164 | 185.581 | 160.583 | 46,39 |
| Syrien | 374.133 | | 18.707 | 355.426 | 18.118 | 337.308 | 94.866 | 242.442 | 71,88 |
| Ägypten | 57.791 | | | 57.791 | 57.791 | | | | |
| total | 3.127.375 | 40,63 | 750.606 | 2.376.769 | 405.100 | 1.971.669 | 532.536 | 1.439.133 | 72,99 |
| | | | | | | | | | |
| Saudi-Arabien | 240.128 | | | 240.128 | 240.128 | | | | |
| Kuwait | 26.000 | | 11.000 | 15.000 | 15.000 | | | | |
| Rest Golfstaaten | 104.225 | | | 104.225 | 104.225 | | | | |
| total | 370.353 | 4,81 | 11.000 | 359.353 | 359.353 | | | | |
| | | | | | | | | | |
| Irak und Libyen | 73.359 | 0,95 | | 73.359 | 73.359 | | | | |
| Rest Arab. Staaten | 85.746 | 1,10 | | 85.746 | 85.746 | | | | |
| Arab. Staaten total | 3.656.833 | 47,50 | 761.606 | 2.895.227 | 923.558 | 1.971.699 | 532.536 | 1.439.133 | 72,99 |
| | | | | | | | | | |
| USA | 224.241 | 2,91 | 56.060 | 168.181 | 168.181 | | | | |
| Europa + übrige | 244.722 | 3,18 | 61.181 | 183.542 | 183.542 | | | | |
| Gesamt Ausland | 468.963 | 6,09 | 117.241 | 351.723 | 351.723 | | | | |
| | | | | | | | | | |
| Total weltweit | 7.697.930 | 100,0 | 3.052.682 | 4.645.250 | 1.472.609 | 3.172.641 | 1.044.822 | 2.127.819 | 67,07 |

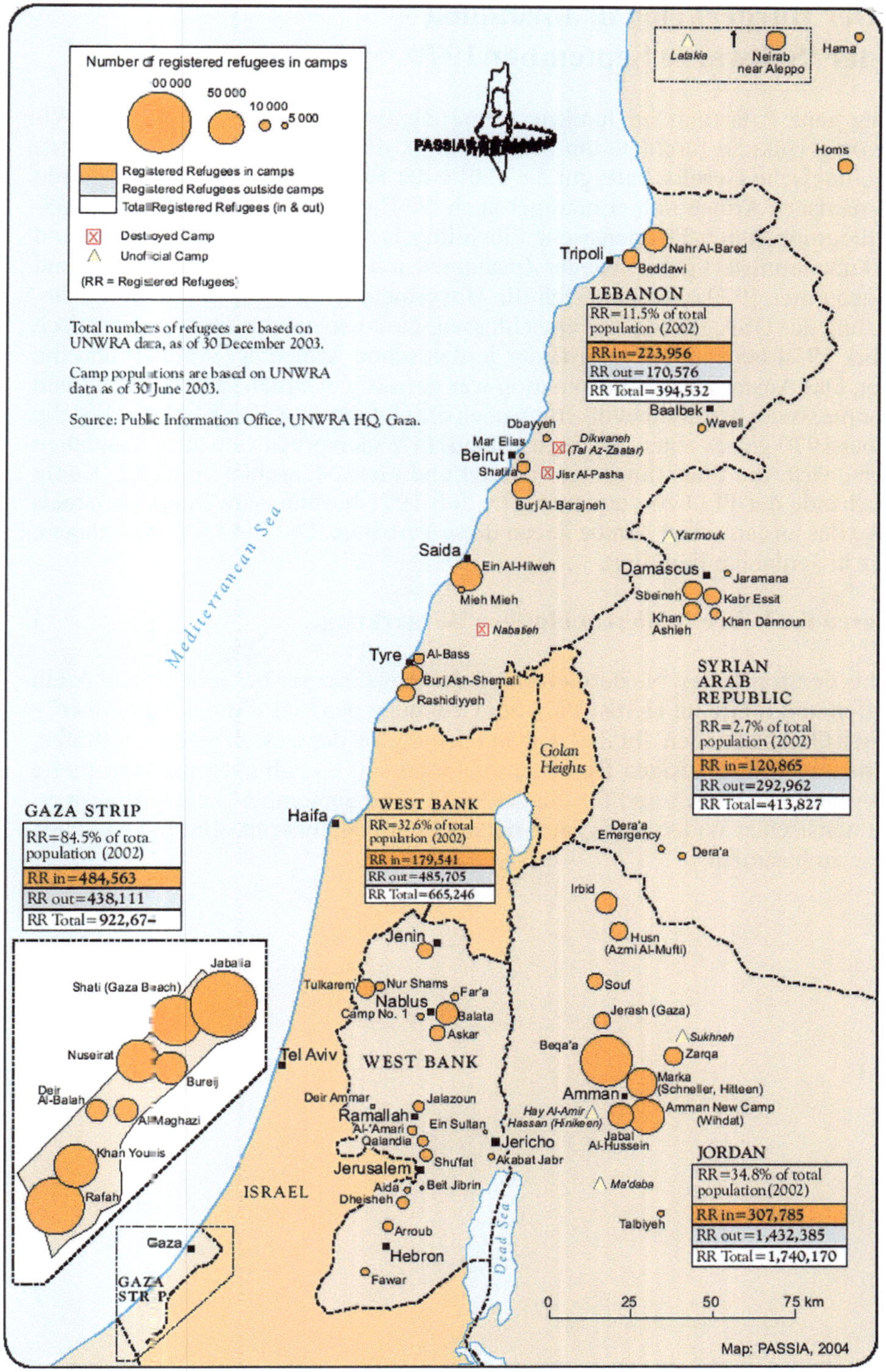


*Von der UNRWA registrierte palästinensische Flüchtlinge 2003 (innerhalb und außerhalb der Flüchtlingslager)*

# Der Bürgerkrieg in Jordanien – der 'Schwarze September 1970'

Jordanien war nach der Besetzung ganz Palästinas im Junikrieg 1967 zur Basis der palästinensischen Widerstandsbewegung geworden. König Hussein fürchtete um seinen Thron, nicht nur wegen der möglichen sozialen Veränderungen auf die jordanische Gesellschaft; gut die Hälfte der Bewohner seines Landes waren Palästinenser. So bedrohte die jordanische Armee immer häufiger auch die Basen des palästinensischen Widerstands; schon 1968 drangen Elitegruppen in palästinensische Flüchtlingslager ein. Im April 1970 während des Besuchs des amerikanischen Außenministers gab es wieder Zusammenstöße zwischen Palästinensern und der jordanischen Armee. Im Frühsommer 1970 zeichnete sich die Unvermeidlichkeit des Bürgerkriegs ab. König Hussein, der die Unterstützung der USA genoss, war entschlossen, die Auseinandersetzung militärisch zu entscheiden. Am 17. September 1970 begann der Angriff der jordanischen Armee auf Amman und die palästinensischen Flüchtlingslager. Das Ausmaß der Konfrontation war gewaltig. Amman sank in Schutt und Asche. Die jordanische Armee schonte weder die Zivilbevölkerung noch die Gefangenen. Der König verließ die Schlacht als Sieger. Am 15. Oktober 1970 gab es einen Waffenstillstand. In Widerspruch zum ausgehandelten Vertrag wurde die Repression verschärft, die Flüchtlingslager besetzt und viele Menschen verhaftet. König Hussein war entschlossen, die Verbände der PLO zu vernichten. Im Juli 1971 begann – im Interesse Israels und der USA – die letzte Offensive der jordanischen Armee gegen diese Verbände. Die PLO war geschlagen, ihre politisch-militärische Präsenz in Jordanien liquidiert.

**30.000 Palästinenserinnen verloren ihr Leben in diesem blutigen Bürgerkrieg.**

Das Schweigen der Welt angesichts der grausamen Niedermetzelung der Palästinenser bei Jerasch und Ajlun hatte die Überlebenden tief getroffen und führte im Herbst 1971 zur Gründung des 'Schwarzen September' – und zwar von allen palästinensischen Organisationen. Ihr Ziel war, mit dem Mittel der Gewalt jene zu bestrafen, die sich mitschuldig gemacht hatten an dem grausigen Gemetzel in Jordanien. Es gab auch unkontrollierte Aktionen, die aus blinder Verzweiflung entstanden und für die der 'Schwarze September' keine Verantwortung trug. Die Führung des palästinensischen Widerstands hatte sich nicht mit den unkontrollierten Aktionen identifiziert und beschlossen, diese zu bestrafen.

# Vierter israelisch-arabischer Krieg 1973

Im Oktober 1973 griff die ägyptische Armee die israelischen Besatzer auf dem ägyptischen Sinai an. Gleichzeitig kämpften im Norden syrische Truppen für die Befreiung der Golanhöhen. An den Kämpfen beteiligten sich auch Palästinenser.
Die arabischen Truppen waren erfolgreich, vor allem die Ägypter. Sie konnten das Ostufer des Suezkanals größtenteils einnehmen und ein ganzes Stück in Richtung Sinai vordringen. Dann aber wurde durch die Intervention der UNO, vor allem aber der USA, das weitere Vordringen der Ägypter gestoppt. Der damalige Präsident Sadat, der Nachfolger des 1970 verstorbenen Nasser, unterzeichnete ein Waffenstillstandsabkommen. Viele Ägypter, vor allem Offiziere, sowie ein großer Teil der Araber in den anderen arabischen Ländern – ganz besonders die Palästinenser – sahen darin einen Verrat Sadats. Außerdem ermöglichte der Waffenstillstand Israel, den syrischen Angriff zur Befreiung der Golanhöhen zurückzuschlagen.
Die folgenden Jahre brachten intensive Bemühungen der USA um ein Friedensabkommen zwischen Ägypten und Israel, die schließlich 1978 in der Unterzeichnung des **Camp-David-Abkommens** durch Sadat und Begin in Gegenwart des amerikanischen Präsidenten Carter gipfelten. 1977 war Sadat nach Jerusalem gekommen und hatte dort vor dem israelischen Parlament gesprochen. Er machte in seiner Rede den Abzug der Israelis aus den besetzten Gebieten ausdrücklich zur Bedingung für einen Frieden zwischen Israel und Ägypten – aber im Camp-David-Abkommen war davon dann keine Rede mehr. Durch das Abkommen erhielt Ägypten wieder die Oberhoheit über den Suezkanal und große Teile des Sinai zurück. Für die Palästinenser brachte das Abkommen nichts, im Gegenteil, es schadete ihnen nur. Ein israelischer Journalist schrieb dazu: „Als Ministerpräsident Menachem Begin am 17. September 1978 das Camp-David-Abkommen unterzeichnete, hatte er ein klares Ziel: Sinai wird an Ägypten zurückgegeben, um dann auf der Westbank und im Gazastreifen freie Hand zu haben." Gleichzeitig hatte Begin seinen wichtigsten Feind neutralisiert. Ägypten zahlte einen hohen Preis für das Abkommen: es musste zustimmen, dass die Amerikaner eine Reihe von Militärstützpunkten in Ägypten errichten. Damit begann ein Prozess, der Ägypten mehr und mehr von den USA abhängig machte – auch dies natürlich ganz im Sinne Israels.
Die Weltöffentlichkeit realisierte das nicht, im Gegenteil, das Abkommen wurde als ein gewaltiger Schritt in Richtung auf einen dauerhaften Frieden im Nahen Osten gefeiert und **Begin und Sadat erhielten dafür den Friedensnobelpreis**. Es war kein Wunder, dass die Palästinenser, aber auch fast alle arabischen Staaten, Sadat als Verräter betrachteten und die Beziehungen zu Ägypten abbrachen. Erst Jahre später wurde Ägypten wieder allmählich in die arabische Gemeinschaft aufgenommen, nachdem es auf Distanz zu Israel ging.
Um der Weltöffentlichkeit Sand in die Augen zu streuen, schlug Begin damals eine sogen. 'administrative Autonomie' für die Palästinenser in den besetzten Gebieten vor. Das bedeutete jedoch nur, dass die Palästinenser das Recht haben sollten, kleine Dinge des Alltags zu regeln. Alles, was zu echter Autonomie gehört hätte, wurde ausgeschlossen: Sicherheit und öffentliche Ordnung, Gesetzgebung, Verfügung über Land und Wasser, Einwanderung. Punkt 24 des Camp-David-Abkommens besagt, dass Israel an seinem Anspruch auf die Oberhoheit über Judäa und Samaria (**der zionistische Sprachgebrauch für die Westbank**) und den Gazastreifen festhalte. Und Begin erklärte ausdrücklich: **„Sollte der administrative Rat der Palästinenser (den er schaffen wollte) eines Tages verkünden, dass ein unabhängiger Staat Palästina geschaffen werde, dann wäre das seine erste und letzte Proklamation. Wir würden hingehen und ihn auflösen. Kein palästinensischer Staat wird entstehen. Keiner! Die israelische Armee wird es verhindern."**
Selbstverständlich wurde diese 'Autonomie' von der PLO und ebenso vom allergrößten Teil der Bevölkerung der besetzten Gebiete entschieden abgelehnt. Auch mit Druck und Zwangsmaßnahmen konnten die Israelis sie nicht durchsetzen.

## Diplomatische Erfolge der PLO seit 1973

Wenigstens auf diplomatischem Gebiet gab es in diesen Jahren Erfolge für die Palästinenser: 1974 wurde die PLO auf der arabischen Gipfelkonferenz in Rabat als alleinige Vertreterin des palästinensischen Volkes anerkannt. Im gleichen Jahr hielt Arafat seine berühmt gewordene Rede vor der UNO-Vollversammlung und die PLO erhielt Beobachterstatus bei der UNO. 105 Staaten erkannten die PLO als einzige, legitime Vertreterin des palästinensischen Volkes an. Nur sieben Staaten erkannten sie nicht an: dazu gehörte außer den USA und natürlich Israel auch die Bundesrepublik. Immerhin gibt es aber eine Vertretung der PLO in Bonn.
Im November 1975 verabschiedet die UNO außerdem mit überwältigender Mehrheit eine Resolution, die den Zionismus als eine Form des Rassismus verurteilt.

# Der Libanonkrieg 1978 und 1982

Wie schon erwähnt, sind Palästinenser auch in den Libanon geflüchtet und haben sich in Flüchtlingslagern in Sur, Saida und Beirut konzentriert. 1970 (Schwarzer September) flüchteten noch mehr Palästinenser aus Jordanien in den Libanon. Die Flüchtlingslager waren immer wieder Ziel von israelischen Raketenangriffen mit der Ausrede, die Palästinenser nehmen die Lager als Stützpunkte, von wo aus sie israelische Gebiete angreifen. 1975 begann ein verheerender Bürgerkrieg, der schon seit 1972 zwischen verschiedenen libanesischen Gruppen schwelte. Dieser Krieg kostete sowohl die Palästinenser wie die Libanesen sehr viele Opfer.
Im März 1978 drang Israel in den Libanon ein. Die UNO verlangte von Israel, das Land zu verlassen und den Libanon den Libanesen zurückzugeben, und zwar in vier Etappen. Das israelische Militär gab im Juni 1978 die Stützpunkte dann nicht – wie geplant – an die UNO-Soldaten zurück, sondern gab sie an die libanesischen, christlichen Milizen, die Israel nahe stehen. Der Krieg ging dadurch weiter.
Die erneute längste israelische Invasion in den Libanon vom 4. Juni bis zum 22. August 1982 war der Beginn einer Serie von Zerstörungsaktionen und Massakern an Libanesen und Palästinensern, die letztere zwangen, Zuflucht in immer weiter von Palästina entfernt liegenden Gebieten zu suchen. Am 4. Juni 1982 flog Israel Bombenangriffe auf palästinensische Flüchtlingslager in Beirut; es setzte diese Angriffe auf Beirut und den gesamten Südlibanon am 5. Juni fort. Am 6. Juni marschierte die israelische Armee mit etwa 100.000 Mann (!) im Libanon ein, unterstützt von Luftwaffe und Marine. Kriegspsychologisch wirksam nennt Israel seinen Feldzug '**Friede für Galiläa**'; das ist der zionistische Name für die Aggression gegen den Libanon. Die westlichen Medien unterstützten schon mit der Aufnahme dieses Begriffs den Krieg gegen Palästinenser und Libanesen und erzeugten von vornherein eine Desensibilisierung für die dann stattfindenden Kriegsverbrechen unter dem damaligen Kriegsminister Ariel Scharon. Israel gab später zu, dass ein Hauptziel die Zerstörung der PLO und ihrer Infrastruktur im Libanon war.
Diese Invasion kostete die Palästinenser und Libanesen in knapp drei Monaten über 40.000 Menschenleben, davon 25-30.000 Palästinenser, über 100.000 Schwerverletzte und über eine halbe Million Vertriebene. Israel setzte die schlimmsten Waffen gegen den Libanon ein: Splitterbomben, Kugelbomben, Phophorgranaten, Napalm, Vakuum- und Schraubenraketen gingen ununterbrochen besonders auf das belagerte Beirut runter. So gelang es, den Großteil der politischen, wirtschaftlichen und sozialen Einrichtungen der Palästinenser im Libanon zu zerstören. Vom Südlibanon bis Westbeirut wurden die palästinensischen Siedlungen dem Erdboden gleichgemacht, Tausende Palästinenser aus dem Libanon vertrieben und diejenigen, die dort blieben, wurden enormen politischen, wirtschaftlichen und sozialen Härten ausgesetzt. Dieser Krieg Israels gegen den Libanon gehört zu den größten weltweiten Kriegsverbrechen.

Am **17. September 1982** – nach dem Abzug der PLO-Kämpfer – geschah in den Flüchtlingslagern **Sabra und Shatila** ein Massaker. An diesem Tag drangen die libanesischen Milizen, mit Einwilligung und Unterstützung der israelischen Aggressoren und ihres Kriegsministers Ariel Scharon in die Lager ein und metzelten Tausende Palästinenser auf unvorstellbare Weise nieder. In Sabra und Shatila wurden 2.780 Palästinenser in zwei Tagen ermordet. Die Welt hielt den Atem an.

# Die Intifada von 1987

**Am 9. Dezember 1987** – nach 20 Jahren israelischer Besatzung – erhob sich das palästinensische Volk, um die zionistische Besatzung abzuschütteln. Die der ersten Intifada nach der Besetzung der Westbank und Gaza vorausgehenden Revolten und Erhebungen in Palästina, in denen sich die Organisierung des Widerstandes entwickelte, führten dazu, dass das palästinensische Volk seine Fähigkeiten erkannte und entfaltete. Weltweit hat dieser Kampf Solidarität und Bewunderung hervorgerufen, hat sich doch die ganze Bevölkerung mit allen denkbaren Formen des Widerstands an der Intifada beteiligt. Fünfjährige Kinder ('**Kinder der Steine**') beteiligen sich an dem Kampf um Befreiung ebenso wie alte Frauen. Die Palästinenser forderten das Ende der israelischen Besatzung, das Rückkehrrecht der Flüchtlinge und die Erfüllung der UNO-Resolutionen durch Israel. Die Intifada war nur deshalb von Dauer, weil sie von allen Schichten des Volkes getragen und von den Palästinensern außerhalb Palästinas unterstützt wurde. Die Intifada umfasste alle Bereiche des täglichen Lebens der Gesellschaft.

Schon bald nach den ersten spontanen Aktionen bildete sich eine Organisation heraus, die den Widerstand organisierte und lenkte. Zunächst entstanden in den Dörfern, den Städten und den Flüchtlingslagern lokale Aktions- und Koordinationskomitees, die sogen. Volkskomitees. Diese Komitees organisierten bald nicht mehr nur Widerstandsaktionen, sondern widmeten sich auch der nachbarschaftlichen Überlebenshilfe, z.B. der Trinkwasserversorgung, der gerechten Verteilung von Lebensmitteln oder der ärztlichen Betreuung. Sie arbeiteten systematisch in allen denkbaren Lebensbereichen. Sie führten bei Schließung der Schulen Unterricht an geheimen Orten durch und betreuten die Gefangenen und die Familien Gefangener und Gefallener. Die medizinischen Komitees versorgten häufig selbst die bei Zusammenstößen mit israelischen Soldaten Verwundeten, da israelische Soldaten immer wieder in die Krankenhäuser eindrangen und sogar Schwerverletzte aus den Betten zerrten und verhafteten. Diese Komitees übernahmen auch die Versorgung von Kranken während der oft tagelangen Ausgangssperren. Erziehungskomitees aus Lehrern, Eltern und Studenten erhielten den Unterricht in privaten Räumen aufrecht, wenn die Schulen geschlossen waren. Wach- und Ordnungskomitees übernahmen die Polizeidienste, da gleich zu Beginn der Intifada praktisch alle palästinensischen Polizisten aus Solidarität den Dienst quittierten.

Mit großer Brutalität und allen militärischen Mitteln (Knochen brechen, Schüssen, Gummigeschossen, Zerstören von Häusern, massenhaften Verhaftungen) reagierte die israelische Besatzungsmacht auf diese breite (unbewaffnete) Volkserhebung. Der damalige israelische Verteidigungsminister **Rabin (der spätere Friedensnobelpreisträger)** gab die Parole aus: „**Unsere Aufgabe muss es sein, den Palästinensern die**

**Knochen zu brechen, sie schwer zu verletzen, die vermummten Jugendlichen zu erschießen und sie so das Fürchten zu lehren und in die Knie zu zwingen.**“ Genau nach diesem Motto gingen die israelischen Soldaten und mehr und mehr auch die israelischen Siedler in den besetzten Gebieten vor.

Anfang 1988 konstituierte sich die **Vereinigte Nationale Führung**. In ihr saßen Vertreter der großen Organisationen der PLO (Al Fatah, DFLP, PFLP, KP Palästina), außerdem Vertreter anderer politischer Organisationen (wie Al Jihad, Al Islami und Hamas). Die Vereinigte Nationale Führung veröffentlichte in regelmäßigen Abständen Kommuniqués. Darin wurden aktuelle Entwicklungen analysiert und Perspektiven aufgezeigt, Generalstreiks und Boykotte ausgerufen und die Grundlinien des Vorgehens in politischer, ökonomischer und sozialer Hinsicht gezeichnet. Das praktische Vorgehen im einzelnen entschieden die lokalen Komitees vor Ort entsprechend den örtlichen Erfordernissen und Voraussetzungen. Die Formen des Widerstands waren sehr vielfältig, sie beschränkten sich keineswegs aufs Steine- und Flaschenwerfen oder auf die Errichtung von Barrikaden aus brennenden Autoreifen. Häufig wurden Demonstrationen, Sit-ins und Streiks durchgeführt. So schlossen seit Beginn der Intifada fast alle Geschäfte in den besetzten Gebieten ab 12 Uhr mittags, an vielen Tagen sogar ganz. Außerdem wurden eine Reihe von Boykottmaßnahmen durchgeführt. Die Palästinenser versuchten vor allem, israelische Waren so weit wie möglich zu boykottieren und sich möglichst weitgehend selbst zu versorgen. Überall wurden Gemüsegärten angelegt, in den Höfen Kleintierhaltung begonnen und die Landwirtschaft weitgehend auf Selbstversorgung umgestellt: Anbau von Gemüse und Getreide anstelle von Tabak und Baumwolle. Es entstand eine Fülle von Kooperativen, z.B. zur Herstellung von Nahrungsmitteln oder Textilien.

Viele palästinensische Arbeiter, die in Israel gearbeitet hatten, gaben ihre Arbeit auf, obwohl das große finanzielle Opfer für sie und ihre Familien bedeutete. Außerdem wurden Steuerboykotte durchgeführt, d.h. viele Palästinenser weigerten sich, die von der Besatzungsmacht festgelegten Steuern zu bezahlen. Auch Geldstrafen, die von israelischen Gerichten verhängt wurden, wurden oft nicht bezahlt. 80% der von der israelischen Besatzungsmacht eingesetzten Kräfte, z.B. Polizisten, Bürgermeister, ein Teil der zivilen Verwaltung, traten aus Solidarität mit der Intifada zurück oder wurden ebenfalls boykottiert. Ihre Arbeit wurde von den Volkskomitees übernommen.

**Man kann also sagen, dass die Hauptformen des Volksaufstandes ziviler Ungehorsam und gewaltfreie Aktionen waren, getragen durch eine breit entwickelte Basisdemokratie.**

Zu Beginn der Intifada von 1987 führten die Medien überall in der Welt jedem die brutalen die israelischen Praktiken vor Augen. Man konnte sehen, wie israelische Soldaten vorsätzlich jungen Palästinensern mit Gewehrkolben die Knochen zertrümmerten oder sie lebend mit Bulldozern unterpflügten; viele Bilder zeigten grausam verletzte Kinder und Jugendliche. Allmählich wurde dann die Berichterstattung spärlicher und versiegte schließlich weitgehend (zumindestens in den westlichen imperialistischen Staaten). Das lag vor allem an der israelischen Pressezensur: die Orte der militärischen Einsätze wurden jetzt sofort zu militärischen Sperrgebieten erklärt und waren damit für niemanden betretbar. Die Brutalität der israelischen Besatzer hielt an, wurde aber nicht mehr berichtet. Auf Kinder und Jugendliche, die Steine und Flaschen warfen, wurde ohne Vorwarnung mit scharfer Munition und auch mit gezielten Kopfschüssen geschossen. Oft wurde angeritzte Munition verwendet, die im Körper explodiert wie Dum-Dum-Geschosse. Die sogen. Gummigeschosse, mit denen ebenfalls geschossen wurde, enthalten einen Metall- oder Marmorkern, sind also genauso gefährlich wie normale Munition.

**Allein in den ersten drei Jahren der Intifada:**

- **wurden 1200 Palästinenserinnen getötet (darunter 300 Kinder); ihnen stehen weniger als 20 israelische Todesopfer gegenüber;**
- **wurden mehr als 100.000 PalästinerIinnen großenteils schwer verwundet – die meisten für ihr ganzes Leben verkrüppelt;**
- **kamen ca. 100.000 Männer, Frauen und Jugendliche ins Gefängnis (1/3 der Gefangenen sind Kinder und Jugendliche; 1/5 Frauen und Mädchen);**
- **wurden rd. 2.000 Häuser gesprengt, wodurch mehr als 10.000 Menschen obdachlos wurden;**
- **gab es mehr als 1.000 Fehl- und Frühgeburten durch Gasangriffe.**

Einige Beispiele der Eskalation der Gewalt seitens der israelischen Besatzer aus dem Jahr 1990: Im **Mai 1990** richtete ein junger israelischer Zivilist ein Massaker unter einer Gruppe von palästinensischen Arbeitern an, die friedlich auf einen Bus warteten. Er tötete zehn Arbeiter, weitere wurden zum Teil schwer verletzt. Diese Anschläge werden entweder gar nicht oder nur mit Bagatellstrafen geahndet. **Am 8. Oktober 1990 wurde ein Massaker an der Al-Aqsa-Moschee verübt**, dem 32 Palästinenser zum Opfer fielen. Die Resolution des Sicherheitsrates zu dem Massaker vom 8. Oktober wurde von der israelischen Regierung zurückgewiesen ebenso wie die in der Resolution geforderte Delegation zur Untersuchung der Ereignisse. **Allein am Wochenende 2./3.November 1990** wurden bei schweren Auseinandersetzungen im Gazastreifen ein Palästinenser getötet und 382 (!) Palästinenser verletzt. Die PLO forderte daraufhin ein erneutes Treffen des Sicherheitsrates der UNO, der die Gewalt gegen palästinensische Zivilisten untersuchen sollte.

**Die palästinensische Frau** spielte in der Ersten Intifada eine herausragende und zentrale Rolle. Sie nahm eine wichtige Funktionen in den Komitees ein, die – wie schon gesagt – alle Bereiche des täglichen Lebens umfassten. Sie arbeitete in den medizinischen Komitees, den Komitees für die Unterstützung von Familien, deren Söhne oder Töchter gefallen, verhaftet oder verwundet wurden sowie den Komitees für die Schulausbildung der palästinensischen SchülerInnen. Die Frauenorganisationen gründeten verschiedene Frauenkooperativen, die den Frauen Arbeit verschafften, womit sie zum Unterhalt der Familie beitrugen. Mit diesen Frauenkooperativen sollten der Aufbau einer von Israel unabhängigen palästinensischen Wirtschaft vorangetrieben und bewährte traditionelle palästinensische Arbeits- und Wirtschaftsformen bewahrt werden.

Nach 1967 haben die UNO und auch der Sicherheitsrat immer wieder **Resolutionen** für eine Lösung der Palästinafrage verabschiedet (z.B. Resolution 194 für das Rückkehrrecht der Flüchtlinge, Resolutionen 242 und 338 zur Beendigung der israelischen Besatzung), die **nur Papier** blieben. Israel konnte bislang, mit den USA im Rücken oder an der Front, alle Beschlüsse boykottieren, ohne dass es auch nur die geringsten Sanktionen gegen den Staat gab.

Am **15. Nov. 1988** wurde vom 19. Palästinensischen Nationalrat (dem Exilparlament der Palästinenser) in Algier eine Friedensinitiative beschlossen und der Staat Palästina in den seit 1967 besetzten Gebieten ausgerufen, mit dem arabischen Jerusalem als Hauptstadt. Ferner wurde das Rückkehr- und Selbstbestimmungsrecht der Palästinenser unter Führung seiner einzig legitimen Vertretung, der PLO, verabschiedet. Eine internationale Friedenskonferenz soll eine dauerhafte Lösung des Konflikts garantieren. Dazu Haider Abdel Shafi, Mitglied der ersten Verhandlungskommission: 'Im November 1988 haben wir den weitreichendsten Kompromiss gemacht, in dem die PLO das Prinzip einer 2-Staaten-Lösung akzeptiert hat.'
Am 1. Okt. 1991 begannen die israelisch-arabischen Verhandlungen in Madrid unter Schirmherrschaft von USA und UdSSR, die einen Friedensprozess in die Wege leiten sollten. Die Palästinenser aus den besetzten Gebieten durften nur als Teil der jordanischen Delegation teilnehmen, ohne ihre offizielle Vertretung, die PLO!

Die Verhandlungen wurden 1991/92 in Washington fortgesetzt. Shafi verließ die Kommission in Washington wegen des andauernden bzw. forcierten Siedlungsbaus Israels in den besetzten Gebieten, das allein dadurch seine **Friedensunwilligkeit** zeigte.

# Der Krieg gegen den Irak 1991
# – und das vierte Jahr der Intifada

In der Nacht des 17. Januar 1991 begannen die USA, unterstützt von der Mehrheit der NATO-Partner, ihren totalen Krieg gegen den Irak. Das Bombardement gegen die irakische Bevölkerung dauert ununterbrochen vierzig Tage an. Von Beginn an ist Israel mit Flugzeugen und Piloten (verdeckt) und Raketenangriffen am Krieg gegen den Irak beteiligt, bevor irakische Scud-Raketen auf Tel Aviv gerichtet werden. Israel kommt eine wesentliche Rolle beim Luftkrieg zu, weil es sich in der Region am besten auskennt. Israel zerstörte schon zehn Jahre vorher im Irak mit Luftangriffen einen geplanten Atomreaktor. Die US-NATO geführte Aggression beschränkte sich nicht auf den Rückzug Iraks aus Kuwait, sondern richtete seine Zerstörungswut gegen das gesamte irakische Volk, seine zivile Infrastruktur, Technologie und Kultur. Neben den 'erprobten' Waffensystemen (wie gegen Vietnam 1975 und den Libanon 1982 eingesetzt) wurden auch massenhaft neue atomare Waffen, die sogen. Uranmunition, abgeschossen. Dieser Krieg mit seinem Dauerbombardement (bis zum 28.2.01) hatte mehrere hunderttausende Tote zur Folge, neben den täglichen Toten, die bisher und im folgenden Jahrzehnt durch das Völkermord-Embargo die irakische Bevölkerung leiden lassen und dezimieren sollte (die in zehn Jahren 1,5 Millionen Tote zur Folge hatte).

**Während der vierzig Tage andauernden Aggression gegen den Irak verhängte die israelische Regierung eine extrem rigide Ausgangssperre über die besetzten Gebiete**. Diese bedeutete praktisch, dass alle dort lebenden 1,7 Mio. Palästinenserinnen unter Hausarrest gestellt wurden. Kaum jemand kann sich vorstellen, was das bedeutet: die Kinder können nicht spielen, die Kranken nicht zum Arzt, beim Gemüseholen aus dem Garten kann man erschossen werden, usw. Während die westliche Presse in dieser Zeit täglich über die Bedrohung Israels berichteten und die israelische Bevölkerung mit Gasmasken und Schutzeinrichtungen versorgt wurden, gab es für die palästinensische Bevölkerung, die bei einem Angriff ebenso betroffen wäre, keinerlei Schutzmaßnahmen, im Gegenteil, nur eine rigide Ausgangssperre.

Die wirtschaftliche Lage der Palästinenser verschlechterte sich seit dem Golfkrieg von 1991 nochmals extrem. Einerseits durch die Ausweisung von rd. 400.000 Palästinensern aus Kuwait, andererseits führten die Ausgangssperren zu katastrophalen, ökonomischen Einbußen im palästinensischen landwirtschaftlichen und industriellen Sektor. In Gaza gingen nach dem Krieg und den Ausgangssperren nur noch ein Drittel der zuvor in Israel Arbeitenden dort zur Arbeit.

Durch das **Programm der massenhaften Einwanderung sowjetischer Juden** nach Israel findet seit 1990/91 in den besetzten Gebieten der bisher größte Landraub in der Geschichte Palästinas durch die israelische Regierung statt. Palästinensische Dörfer und Städte werden zunehmend durch israelische Siedlungen eingekesselt. Die israelische Regierung will sich so viel Land wie möglich aneignen und besiedeln, damit sie nicht gezwungen werden kann, die besetzten Gebiete zurückzugeben – auch nicht für Frieden. Außerdem ersetzen die sowjetischen Juden in großem Ausmaß die palästinensischen Arbeitskräfte.

**Angesichts dieser bedrückenden Realitäten findet dann im Oktober 1991 die erste 'Nahost-Friedens-Konferenz' statt**. Die Teilnahme der Palästinenser an dieser Konferenz trotz des Ausschlusses ihrer einzig legitimen Vertretung, der PLO, sowie der Palästinenser aus Ostjerusalem, zeigt ihren Friedenswillen. Schon zu dieser Zeit steht aber zu befürchten, dass sie nur in ein Labyrinth von sogen. Friedensverhandlungen verstrickt werden sollen, bei denen am Ende – wie üblich – keine gerechte Lösung gefunden wird. Ganz offensichtlich geht es in diesen Friedensverhandlungen weder um eine klare Beendigung der Besatzung noch um die Erfüllung der UNO-Resolutionen. Während die UNO-Beschlüsse zur Besetzung Kuwaits sofort zu Boykott und Krieg und damit zum Tod hunderttausender unschuldiger Menschen im Irak führten, haben alle UNO-Beschlüsse gegen die Besatzung Palästinas bis heute zu keinerlei Konsequenzen geführt.

Die PalästinenserInnen fordern das Ende der israelischen Besatzung, sie fordern ihr Land, Frieden, das Rückkehrrecht für die Flüchtlinge und die Erfüllung der UNO-Resolutionen durch Israel!

**Deportationen**

Trotz Friedensverhandlungen werden am 15. Dezember 1992 in einer Massendeportation 400 Palästinenser vom israelischen Militär verschleppt, misshandelt und auf Anweisung der Regierung ins Niemandsland zwischen Israel und den Libanon gebracht. Sie verbleiben dort in klirrender Kälte; die israelische Armee hat Minen gelegt, um ihre Rückkehr zu verhindern. Trotz internationaler Proteste weigern sich die israelischen Behörden, die Deportationen, die einen eklatanten Verstoß gegen die Internationalen Menschenrechte darstellen, zurückzunehmen. Menschenrechtsverletzungen gehören in den von Israel besetzten Gebieten zum Alltag; seit der Besatzung von 1967 wurden über 2.200 PalästinenserInnen deportiert und durften nicht zurückkommen. Im Gegenteil, in der Regel mussten die engsten Familienmitglieder (d.h. jeweils fünf bis zehn Personen) den Deportierten nachfolgen.

## Verlauf der 'Friedens'-Verhandlungen
### Oslo I und II – chronologisch bis 1996

| | |
|---|---|
| 15. Nov. 1988 | Tagung des 19. Palästinensischen Nationalrats in Algier |
| 01. Okt. 1991 | Beginn der israelisch-arabischen Friedensverhandlungen in Madrid (unter Schirmherrschaft der USA und der UdSSR) mit Palästinensern aus den besetzten Gebieten als Teil der jordanischen Delegierten |
| 15. Dez. 1992 | Israel deportiert 400 'unerwünschte' Palästinenser in ein 'Niemandsland' zwischen Libanon und Israel |
| 02. Jan. 1993 | Beginn der **Geheimverhandlungen** zwischen Israel und der PLO in Oslo. Ende März 1993 finden erneut die sogen. Abriegelungen – Closures – statt |
| 03. Juni 1993 | Ende der 22. Runde der arabisch-israelischen Friedensverhandlungen in Washington ohne Ergebnisse |
| Ende Aug. 1993 | Oslo I: Überraschende Bekanntgabe der in Oslo geführten Verhandlungen. Motto: **Gaza und Jericho zuerst** |
| 09. Sept. 1993 | Gegenseitige Anerkennung des Staates Israel und der PLO durch einen offiziellen Briefwechsel Rabin-Arafat. |
| 13. Sept. 1993 | Unterzeichnung der '**Prinzipien'-Erklärung** zwischen Israel und der PLO in Washington |
| 13. Dez. 1993 | Der vereinbarte Beginn des israelischen Abzugs aus Gaza und Jericho verstreicht ohne Einigung über die Modalitäten |
| 25. Feb. 1994 | Massaker an betenden Palästinensern in Hebron in der Moschee durch 'einen' Siedler mit Rückendeckung der israelischen Soldaten – 29 Palästinenser werden ermordet; es folgen schwere Auseinandersetzungen in den besetzten Gebieten, denen Israel erneut mit Abriegelungen (closures) begegnet; es folgen zwei palästinensische Attentate im israelischen Staatsgebiet in Afula und Hadeira |
| 04. Mai 1994 | Die '**Vereinbarung über Gaza und Jericho**' (23 Art.) tritt in Kraft (Kairo) – wirtschaftliche Beziehungen (Art. 13) sind im Protokoll vom 29.4.94 enthalten und Teil dieser 'Vereinbarung'. Die Vereinbarung von Oslo hatte die Interimsperiode in zwei Stufen unterteilt: in der ersten zieht sich Israel aus Jericho und Gaza zurück, in der zweiten soll das israelische Militär aus den Städten und Dörfern und Flüchtlingslager 'umgruppiert' werden (erweiterte Autonomie) |
| 01. Juli 1994 | Arafat kommt mit Israels Genehmigung in den Gazastreifen. Aufforderung an Israel, bis Aug. 1994 den Abzug aus der Westbank zu vollziehen, damit die vorgesehenen Wahlen bis zum Oktober 94 durchgeführt werden können |
| 28. Sept. 1995 | Oslo II wird verabschiedet, das Interimsabkommen über Westbank und Gaza (erweiterte Autonomie –siehe unter Oslo I) |
| Nov. 1995 | Rabin wird von einem Israeli ermordet. |
| Jan. 1996 | mit anderthalbjähriger Verspätung können die ersten Wahlen in den besetzten bzw. teilautonomen Gebieten stattfinden. Arafat gewinnt die Wahlen. Der **palästinensische Autonomierat** umfaßt 88 Mitglieder, davon nur fünf Frauen. Rund 30% der Mitglieder des Rates sind unabhängig. |
| April 1996 | Die israelische Regierung unter Perez führt einen blutigen Wahlkampf. Der Südlibanon, von Israel seit 1982 besetzt, wird bombardiert. In Kana Verursachen die Zionisten ein Massaker mit rd. 100 Toten. |
| Mai 1996 | Die Likud-Partei mit Netanjahu an der Spitze gewinnt den Wahlkampf Die neue Regierung ist Ausdruck harter unerbittlicher zionistischer Politik mit Ministern wie Sharon, Eitan, Levi u.a. |

Nach dieser Wahl gibt es für Monate überhaupt keine Treffen/Verhandlungen mehr zwischen Palästina und Israel. Neue Verhandlungen werden an neue Bedingungen geknüpft, insbesondere was den Status von Jerusalem betrifft.

Sept. 1996 Die Öffnung eines Tunnels unter dem Felsendom zur Klagemauer führt zu tagelangen Unruhen; es gibt 90 Tote, darunter zum ersten Mal einige israelische Soldaten, da die palästinensischen Polizisten inzwischen bewaffnet sind.

# Oslo und die Folgen

## Die Aufteilung des palästinensischen Bodens in Zonen – die Kantonisierung des Landes.

Die Osloer Verträge haben sich ausschließlich auf die seit 1967 besetzten Gebiete bezogen, also die 23% des Landes, die den Palästinensern nach 1948 überhaupt noch geblieben waren. Sie berührten nicht die Vertreibungen von 1948. Und selbst dies, die bedingungslose Aufgabe der 1967 besetzten Gebiete, ist dem zionistischen Staat zuviel. Nach 1967 haben die UNO und auch der Sicherheitsrat immer wieder Resolutionen für eine Lösung der Palästinafrage verabschiedet (z.B. Resolution 194 für das Rückkehrrecht der Flüchtlinge, Resolution 242 und 338 zur Beendigung der israelischen Besatzung), die nur Papier blieben. Israel konnte bislang, mit den USA im Rücken, alle Beschlüsse boykottieren
Die von Israel dominierten Osloer Verhandlungen beinhalten eine Aufteilung der palästinensischen, besetzten Gebiete (Westbank und Gaza) in drei Zonen: A,B,C. Dies führte zu einer **Kantonisierung des Landes:**

**Zone A:** Sie steht unter voller Autonomie durch die palästinensische Autonomiebehörde.
**Zone B:** Hier obliegt nur die Verwaltung über zivile Angelegenheiten der Autonomiebehörde.
**Zone C:** das sind 67% der Westbank und 40% von Gaza, stehen weiterhin unter völliger Kontrolle Israels.

In der Westbank sind die A-Zonen die großen Städte (12%), die C-Zone kontrollieren die Siedler (60%). Bis zum Frühjahr/Sommer 1996 sind der palästinensischen Autonomiebehörde nur 6,5% der Westbank mit der vollen Autonomie – d.h. Zone A – übergeben worden. Bei weiteren 26% ist nur die Verwaltung für zivile Angelegenheiten übergeben worden, entspricht Zone B. Der Rest der Westbank – das sind 67 % des Landes – sowie 40% von Gaza – stehen weiterhin völlig unter israelischer Herrschaft, also Zone C. In Gaza kontrolliert die Nationalbehörde 60% der Zivilangelegenheiten (A-Zone); die rd. 5.000 Siedler kontrollieren 35% des Landes.

**Die A-,B- und C-Zonen des 'Friedensvertrages' haben aus den besetzten Gebieten einen Flickenteppich gemacht; alle Städte sind umzingelt von israelischem Militär oder Siedlern.**

## Fortschreiten des Siedlungsbaus trotz Friedensverhandlungen

Zu der Kantonisierung des Landes hinzu kommt vor allem auch der weitere Siedlungsbau in den besetzten Gebieten, und hier insbesondere der um Jerusalem. Seit Oslo I (1993) wurde unter der Labour-Regierung Rabin/Peres dreimal soviel Geld für Siedlungen ausgegeben wie vorher unter der Likud-Regierung von 1988-92. Bis zum Wahlsieg Netanjahus (Likud) im Mai 1996 wird von Labour viermal soviel palästinensisches Land für Siedlungszwecke enteignet wie unter der vorangegangenen Likud-Regierung. 120.000 Siedler leben in der Westbank – und es sollen noch mehr werden. Der 'Friedensprozess' hat zu keinerlei Abbau der illegalen Siedlungen geführt. Die Siedlungspolitik geht unter Netanjahu weiter. Im Herbst 1996 werden erneut ca. 2.000 Wohnungen für Siedler in den besetzten Gebieten gebaut. Alle Siedlungen sind durch ein unabhängiges Straßennetz verbunden, dass nur für Israelis da ist. Die Siedlungen beanspruchen mehr als 55% der Gesamtfläche der Westbank (allein das Gebiet um 'Großjerusalem' mehr als 25%); in Gaza nehmen die 17 Siedlungen rd. 30-35% der Fläche ein. Die Siedler sind bewaffnet und terrorisieren seit je die palästinensische Bevölkerung. Zusätzlich zapft Israel 80% des Wassers der Westbank an, während 40% aller palästinensischen Dörfer noch immer keine Wasserleitungen haben.

## 'Großjerusalem'

Die meisten der rd. 300.000, meist bewaffneten, Siedler, ca. 150.000, leben um Jerusalem herum in der Westbank. Schon 1991 hatte der damalige Wohnungsbauminister Scharon selbst entwickelte und importierte Fertighäuser zu Siedlungszwecken eingesetzt; d.h., die Wohnungen für neue Siedlungen wurden quasi über Nacht erstellt. Jerusalem wurde 1981 von den Israelis annektiert. Deshalb dürfen die Palästinenser nach Ost-Jerusalem, ihr kulturelles und wirtschaftliches Zentrum, nur mit besonderer Genehmigung einreisen. Diese wird ihnen meistens verwehrt. Die Abriegelung Jerusalems ist einer der Hauptgründe, weshalb die palästinensische Wirtschaft am Boden liegt.

„**Wenn uns Israel nicht weitere territoriale Zugeständnisse macht, steht der nächste Krieg bald bevor**", sagt Sumaya Farhat-Naser 1996.
„**Der Friedensprozeß hat versagt,**" sagt Haider A. Shafi, „**und seine Glaubwürdigkeit verspielt. Die Israelis haben uns ihre Bedingungen diktiert. Israel hat diese Illusion (auf Frieden nach Oslo) als Deckmantel benutzt, um ungestört eigene Interessen zu verfolgen**." Nur ein Wiederaufleben der Intifada und mehr internationaler Druck kann echten Frieden und ein Leben in Freiheit und Würde für das palästinensische Volk bringen.

**Die Osloer Abkommen waren weder ein Weg zur Beendigung der israelischen Besatzung noch haben sie zur Gründung eines palästinensischen Staates geführt. Im Gegenteil, Israel nutzte diese Friedensphase aus und baute viele neue Siedlungen in den besetzten Gebieten, besonders um Jerusalem herum. Es gab eine Zunahme von Landenteignungen und neuem Straßenbau, der die palästinensischen Dörfer einkreist. Häuserzerstörungen und Menschenrechtsverletzungen haben um die Jahrtausendwende die heutige explosive Situation geschaffen.**

# Die Al-Aqsa-Intifada
## Beginn im Jahr 2000

Am 28. September 2000 besucht der Abgeordnete Ariel Scharon in Begleitung von rd. 3000 Soldaten und Polizisten und mit Genehmigung des Ministerpräsidenten Barak den Tempelberg (Haram al-Sharif) in Jerusalem. Dies gibt die Initialzündung für einen neuen Aufstand der PalästinenserInnen. Es beginnt die Al Aqsa-Intifada, der zweite große Aufstand der PalästinenserInnen seit 1987 gegen die seit 1967 andauernde israelische Besatzung der palästinensischen Territorien.* Verbitterung und Enttäuschung über den seit 1993 währenden 'Friedensprozess' (Verträge von Oslo), der dem palästinensischen Volk keine Verbesserung seiner katastrophalen Lage gebracht hat, waren die Ursache der massiven Proteste. In den sieben Jahren seit Oslo haben die Palästinenser die Zunahme von Landenteignungen und neuem Straßen- und Siedlungsbau (um die palästinensischen Gemeinden herum wie ein Kordon) erlebt. Häuserzerstörungen und Menschenrechtsverletzungen haben die explosive Situation geschaffen, die alle Friedensversprechungen zunichte gemacht haben. Auf die Aktionen, in denen in vorderster Linie steinewerfende Jugendliche und auch Kinder stehen, reagiert das israelische Militär mit exzessiver, brutaler und inzwischen weltweit verurteilter Gewalt. Es setzt gezielte Todesschüsse ein, ganze Dörfer wurden und werden beschossen und Städten bombardiert; Panzer und Raketen werden besonders gegen die Flüchtlingslager eingesetzt. Dabei dringen israelische Panzer vielfach auch auf das autonome palästinensische Gebiet (Zonen A) vor. Im weiteren Verlauf der Intifada werden die Westbank und Gaza wieder völlig durch das israelische Militär besetzt.
Innerhalb des ersten Jahres der zweiten Intifada gab es rd. 700 Tote und mehr als 25.000 Verletzte unter den Palästinensern, ein Drittel von ihnen Kinder und Jugendliche. Tausende von Kindern und Jugendlichen sind schwer traumatisiert, stehen täglich Todesängste aus. Viele Verletzte werden für ihr ganzes Leben behindert bleiben.

Israelisches Militär walzt(e) außerdem riesige Flächen Acker- und Weideland mit Bulldozern nieder und entwurzelte 100.000e Oliven- und Obstbäume, um den Palästinensern ihre Nahrungsgrundlagen zu entziehen. Dörfer und Städte sind vom Militär umzingelt oder besetzt und voneinander abgeschnitten, u.a. durch ein System von 'checkpoints' (Straßensperren). Damit ist der Zugang zu Schulen, Universitäten und Krankenhäusern abgeschnitten und der Personen- und Warenverkehr extrem eingeschränkt. Erst recht sind die Grenzen zum israelischen Staatsgebiet hermetisch abgeriegelt und die palästinensischen Arbeiter von ihren Arbeitsplätzen ausgesperrt. Für fast zwei Millionen Palästinenser ist ein normales Leben mit Arbeit, Schule, Gesundheitsversorgung nicht mehr möglich. Schon zwei Jahre nach Beginn der Al-Aqsa-Intifada sind fast die gesamte palästinensische Infrastruktur und fast alle wirtschaftlichen Lebensgrundlagen zerstört. Zwei Drittel der Bevölkerung lebt in Armut, ein Viertel der Kinder sind unterernährt. Jeder Tag bedeutet für die palästinensischen Familien ein Kampf ums Überleben.

Wir sind Zeuge einer neuen Phase des palästinensischen Freiheitskampfes **gegen die am längsten andauernde Besatzung weltweit gegen ein Volk**. Der jetzige Aufstand muss bis zum Ende der Besatzung geführt werden, so oder ähnlich lauteten die meisten Kommentare von Palästinensern und Palästinenserinnen der verschiedensten Alters- und Gesellschaftsschichten im ersten Jahr der Intifada. Die Al-Aqsa-Intifada ist in erster Linie ein Aufschrei der Palästinenser nach außen, sagte uns ein Journalist. Ein Aufschrei, dass die Weltgemeinschaft

---

* So sprechen wir manchmal von der ersten und der jetzigen als der zweiten Intifada. Diese Bezeichnung ist insofern nicht zutreffend, als die Intifada von 1987 nie richtig zuende ging, sondern sich trotz und parallel zum Oslo-Prozess quasi in kleineren Intifadas fortsetzte, insbesondere gegen den in den 90iger Jahren expandierenden Siedlungsbau. Außerdem gab es vor der israelischen Staatsgründung Aufstände gegen die koloniale Besatzung, die wir nachträglich auch als Intifada bezeichnen könnten.

ihre Stimme gegen das Unrecht der Besatzung erhebt und Israel zur Einhaltung der Resolutionen und Wahrung des Völkerrechts zwingt.
Stattdessen müssen wir täglich hören, wie die israelische Armee den Widerstand der Palästinenser auf brutale Weise zu brechen versucht. Der 'totale Krieg', wie Sharon ihn selbst nannte, hat bis zum August 2002 über 1700 Todesopfer (bis Oktober 2003 waren es 3.391) und über 20.000 Verletzte (38.000 im Okt. 03) unter der palästinensischen Bevölkerung gefordert, der größte Teil unbewaffnete Zivilisten, und davon viele Frauen und Kinder. Willkürliche Verhaftungen, Demütigungen und gezielte Liquidierungen vor allem gegen führende Persönlichkeiten des Widerstands sind an der Tagesordnung. Palästinensische Städte, Dörfer und Flüchtlingslager werden mit Panzern, Kampfhubschraubern und Kampfbombern angegriffen, belagert, besetzt und teilweise wochenlang unter rigorose Ausgangssperre gestellt.

## Kinder beschreiben die Besatzung

### Ausgangssperre

Mizer J., 15 Jahre, schreibt im März 2002: ‘ Die israelischen Soldaten haben uns verboten, nach draußen zu gehen; und so können wir weder die Küche noch die Toilette benutzen, die sich draußen befinden. Wir waren deshalb in einer unvorstellbaren Situation. Weil die Toilette ein ganzes Stück von unserem Haus entfernt ist, haben meine jüngeren Schwestern einen leeren Mülleimer benutzt. Ich habe mich geweigert, das auch zu machen und gesagt, dass ich draußen zur Toilette gehen will, auch wenn ich den Soldaten dabei in die Arme laufe. Meine Eltern wollten mir das verbieten, aber ich habe darauf bestanden, und dann haben sie nachgegeben, aber mich gewarnte, dass ich sehr vorsichtig sein soll. Als ich von der Toilette zurückkam, haben mich die Soldaten umstellt und gesagt, dass ich meine Hände hochheben soll. Einer von ihnen hat mich gestoßen und sie haben mich ausgefragt: was ich mache, wie ich heiße, wie alt ich bin usw. Ich habe die Fragen beantwortet und sie wollten anfangen, mich zu schlagen, aber da hat mein Vater gerufen: ’Halt, dass ist doch nur ein Junge, der die Außentoilette benutzen wollte.’ Da haben sie mich freigelassen und in unser Haus gebracht. Sie haben meine Schwestern, brüder und mich in unsere kleine Küche eingesperrt und alles im Haus durchwühlt. Sie haben meinen Vater festgenommen und geschlagen, zusammen mit den anderen Männern. Dann haben sie ihnen Plastiktüten über den Kopf gezogen und sie zu einem unbekannten Ort gebracht. So erleb ich die Besatzung und ich werde das nie vergessen. Ich möchte sagen: Stoppt die Besetzung, stoppt eure Tyrannei und das Töten. Aus: Kinder aus Ramallah,
Bilder, die ich nicht vergessen kann.

### Häuserzerstörungen

Aya Al-S., 13 Jahre, schreibt: ‘Es war 10 Uhr nachts, meine ganze Familie schlief. Ich wachte auf, voller Angst. Dieser Tag war eoin schrecklicher Tag, ein schwarzer Tag. Auch wenn ich versuchen würde, das Leid dieses Tages zu beschreiben, ich könnte es nicht. Wir alle haben große Angst. Die Bulldozer kamen ohne Vorwarnung. Sie zerstörten zwei Zimmer und das Badezimmer. Meine ganze Familie schrie auf den Bulldozer(fahrer) ein, aber der Bulldozer machte einfach weiter mit der Zerstörung. Mein Vater bat den Fahrer: Bitte, gib’ mir ein bisschen Zeit, damit ich die Möbel aus dem Haus holen kann,. Aber der Bulldozerfahrer hörte nicht auf ihn und begann, auf meinen Vater zu schießen. Mein Vater wurde in den Rücken und ins Bein getroffen. Gottseidank ist mein Vater jetzt wieder in Ordnung. Wir leben jetzt im Haus meiner verheirateten Schwester. Ich kann immer noch nicht glauben, dass diese schreckliche Geschichte passiert ist. Es ist wie ein Traum, obwohl die Journalisten in den Zeitungen viel darüber geschrieben haben, was passiert ist. Wir Kinder können nichts dagegen tun. Was sollen wir Kinder auch tun? Unsere Autonomiebehörde kann nichts dagegen machen, was können dann wir Kinder tun? Wir beten zu Gott, uns ein bisschen Sicherheit zu geben.’

(Berichte von Kindern aus dem Flüchtlingslager Brazil bei Rafah/Gaza, 29. März 2004 aus Al-Awda-News; aus dem Englischen übersetzt von Karin Steinbrinker. Hinzufügung: Am 17.3.04 drang die israelische Armee in das Lager Brazil ein, sie zerstörte 49 Häuser, dadurch wurden 80 Familien obdachlos. Durch Raketen aus Hubschraubern wurden vier PalästinenserInnen getötet und viele verletzt.)

## Checkpoints

In den besetzten Gebieten gibt es 120 feste israelische Militärcheckpoints und außerdem hunderte von Straßensperren. Damit teilt die Armee die besetzten Gebiete in über 300 voneinander isolierte Enklaven ein und versucht, alle Bewegungen von Menschen und Gütern zu kontrollieren, während die israelischen Siedler auf ihren Apartheitsstraßen völlige Bewegungsfreiheit genießen. Es obliegt der Willkür der Armeeposten, ob ein Kontrollpunkt geöffnet wird oder nicht, wen er durchlässt und wen nicht, wer gedemütigt wird und wer nicht. Durch diese Sperren hat es in den letzten Jahren viele Tote gegeben, weil sie auf dem Weg zum Krankenhaus nicht durchgelassen wurden; viele Frauen mussten aus dem gleichen Grund ihre Babys am Checkpoint gebären. Durch das Netz von Checkpoints gelangen Schüler nicht zur Schule Studenten nicht in die Universität, Arbeiter nicht zur Arbeit, Frauen nicht zum Einkauf oder zur Familie, die Menschen nicht in die Moschee. Frauen und Männer müssen mit ihren Lasten oft riesige Umwege machen, um zum Ziel zu gelangen.
(im Hamburger Palästina-Solidaritätsbündnis wurde zu den Checkpoints ein kleines Straßentheaterstück konszipiert und mehrfach aufgeführt).

Februar 2002: Checkpoint Beit Lechem. Menschen aus Beit Lechem wollen freitags zum Beten in die Al Aqsa Moschee in Ostjerusalem. Sie werden nicht durchgelassen, warten zwei Stunden und müssen dann zurückkehren.

## Die Apartheidsmauer
## Landraub und gewaltsame Vertreibung

**Allgemeines und Westbank**: Als ob dies alles noch nicht ausreicht, beginnt die israelische Regierung im Juni 2002 mit dem Bau einer Mauer westlich von Jenin. Im September 2002 wird die erste Karte über den geplanten Verlauf der Mauer durch die besetzten Gebiete bekannt. Sie ruft große Empörung hervor, da der Verlauf der Mauer weit in palästinensisches Gebiet führt. Die Mauer wird weder auf noch nahe der „Grünen Linie“ (Waffenstillstandslinie von 1948) gebaut, sondern in die West Bank hinein. Somit eignet sich Israel weiteres palästinensisches Land und weitere Ressourcen an. Sie soll 728 km lang sein (!) und im Jahr 2005 fertiggestellt werden Der Bau der Mauer wird ca. 3,4 Mrd. Dollar kosten. Die Mauer besteht je nach Region aus Schichten von Stacheldraht, Straßen für Militärpatrouillen, Erdwällen, Überwachungsanlagen, drei m hohem elektrischem Zaun und als Betonmauer (wie z.B. in Qualqiliya, Tulkarem und Ostjerusalem). Dort ist sie 8 m hoch –zweimal so hoch wie die Berliner Mauer-, mit bemannten Aussichtstürmen und einer 30-100 m breiten ‘Stopperzone’, in der sich elektrische Drähte, Gräben, Videokameras, Sensoren und Militärpatrouillen befinden. Dörfer, die nahe am Verlauf der ersten Phase der Mauer liegen, werden durch eine zweite „Isolierungsbarriere“ weiter abgeriegelt und somit von allen Seiten eingekesselt. Die „Stopperzone“ führt zu massiven Hausdemolierungen und der Räumung der palästinensischen Anwohner, da die Mauer vielerorts nur wenige Meter von Häusern, Geschäften und Schulen entfernt verläuft. Das israelische Militär hat „Tore“ in die Mauer gebaut. Diese sind allerdings für die Bauern keinerlei Garantie, ihre Felder zu erreichen, sondern verschärfen vielmehr die israelische Praxis, das Leben der Palästinenserinnen durch ständig neue und schwer erhältliche Lizenzen und Erlaubnisse und das Netz der Checkpoints völlig zu blockieren. Dort werden die Palästinenserinnen geschlagen, gedemütigt, festgehalten und angeschossen. Im Juli 2003 gibt das israelische Verteidigungsministerium die Fertigstellung der ‘ersten Phase’ –insges. 145 km- bekannt. Im Oktober 2003 gibt Israel militärische Dekrete heraus, die sämtliches Land westlich der Mauer zur ‘Verbindungszone’ erklären und damit ein Lizenzsystem einführen, das die de facto Annektierung des Landes bedeutet. Entlang der „ersten Phase“ sind 16 Dörfer westlich der Mauer geblieben und damit de facto von Israel annektiert worden, zirka 50 weitere Dörfer haben ihr Ackerland verloren. In diesem Trakt hat Israel 36 Grundwasserbrunnen konfisziert und mindestens weitere 14 drohen demoliert zu werden, da sie sich in der „Stopperzone“ der Mauer befinden. Die Flächen zwischen der Mauer und der Grünen Linie sind von Israel zur „Verbindungszone“ erklärt worden und das bedeutet für die palästinensischen Anwohnerinnen, dass sie eine Erlaubnis erfragen müssen, um in ihren Häusern und auf ihrem Land leben zu können.

**Gaza:** Die Bevölkerungsdichte im Gazastreifen, wo 1.3 Millionen Menschen auf 365km$^2$ leben, ist eine der höchsten auf der Weit. Seit Jahren völlig von Mauern und Stacheldraht umgeben, ist die Zone für die Bevölkerung zu einem buchstäblichen Gefängnis geworden. Während der vergangenen Jahre und besonders der Sommermonate 2004 sind in Rafah (im Süden des Gazastreifens) kilometerweise Land und Häuser zerstört worden, um für die drei km lange Stahlmauer und das militärische Sperrgebiet“ entlang der Grenze zu Ägypten Platz zu schaffen. In die acht Meter hohe Stahlmauer sind drei elektronische Tore eingebaut, durch die die israelischen Panzer und Bagger in das Flüchtlingslager eindringen, um Häuser zu zerstören, das Lager zu drangsalieren und auf die Bewohner zu schießen. Schon seit 1994 ist der Gazastreifen von einer Barriere umgeben, die seine Bewohner vom restlichen Land total abschneidet.

**Jerusalem:** Die Mauer in Jerusalem, zusammen mit dem Ring der israelischen Siedlungen, umschließt die gesamte Heilige Stadt und vollendet die Isolierung der Stadt von der West Bank. Unterdessen teilt die Mauer Dörfer und Wohnviertel, trennt Familien, unterbricht soziale und wirtschaftliche Verbindungen zwischen Palästinensern und zwängt Gebiete, die Israel nicht als Jerusalem betrachtet in Ghettos. Die Region Jerusalem wird durch den Mauerbau insgesamt 90% ihres Landes verlieren.
Beginnend südlich von Ostjerusalem, kesselt die Mauer Bethlehem und Hebron ringförmig ein. In Bethlehem und Hebron reichen Betonmauern direkt bis zu den Heiligen Stätten: Rachels Grab in Bethlehem und der Abrahamsmoschee in Hebron.

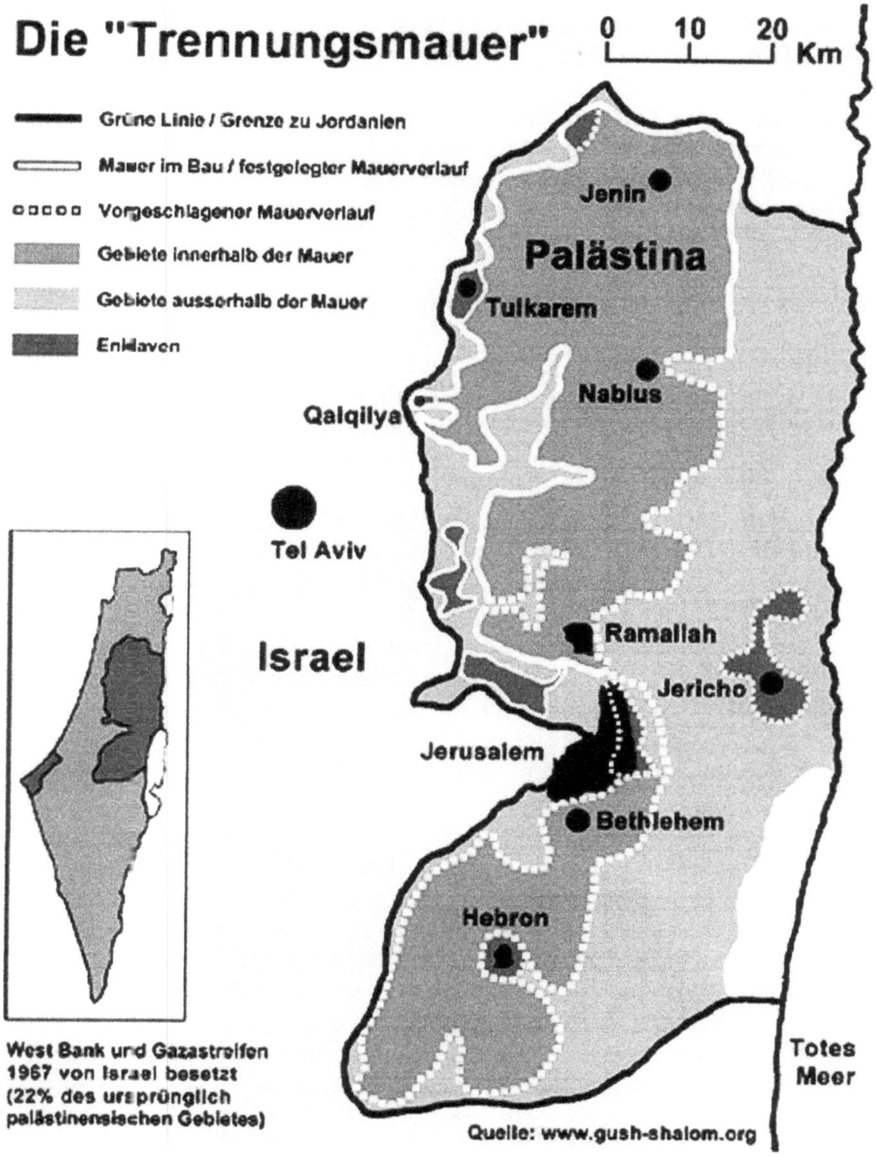


Die Mauer ist keine neue Idee. Schon Ende 2000 hatte Barak das erste Projekt, eine 'Barriere' zu bauen, genehmigt. Im März 2003 veröffentlichte die israelische Regierung einen neuen Verlauf der Mauer, der die Siedlungen Ariel und Immanuel gemäß dem Vorschlag des Siedlerrats an Israel anschließt. Scharon kündigt die Erweiterung der Mauer durch den Bau eines Traktes im und entlang des gesamten Jordantales an. Die Siedlungen in dieser Gegend fallen dadurch alle unter israelische Kontrolle.
**Die Mauer – in welcher Form auch immer – kesselt die Regionen mit der höchsten palästinensischen Bevölkerungsdichte in der West Bank in drei Ghettos ein. Diese werden von den nur für jüdische Israelis errichteten Siedlungen und den für sie gebauten Umgehungsstrassen noch weiter unterteilt.** Ohne Zugang zu den grundlegenden Infrastrukturen, den Feldern, den Ressourcen und den Geschäftszentren, haben die Palästinenserinnen in diesen Gebieten keine Möglichkeit

ihren Lebensunterhalt zu verdienen und ein würdevolles Leben zu führen Nach ihrer Fertigstellung wird die Mauer zirka 50% der West Bank de facto annektieren und Dörfer und Stadtviertel in Kantone, Enklaven und „militärische Sicherheitszonen" isolieren. **Die palästinensische Bevölkerung in der West Bank und dem Gazastreifen – einschließlich 1.5 Millionen Flüchtlinge – werden auf nicht mehr als 12 % des historischen Palästinas leben.** Fast 16% der Palästinenserinnen in der West Bank werden „außerhalb" der Mauer, in den von Israel annektierten Gebieten in unerträglichen Konditionen leben. Der Verlust der Äcker, der Märkte, der Bewegungsfreiheit und der Lebensgrundlagen werden viele dazu zwingen, ihre Häuser und Dörfer zu verlassen. Davon sind allein in Ostjerusalem mehr als 200,000 Palästinenserinnen betroffen, die völlig vom Rest der West Bank isoliert sein werden. **98% der Siedler befinden sich in den von der Mauer annektierten Gebieten.** Dazu zwei Kommentare aus den Siedlerräten. **„Diejenigen, die versuchen zu sagen, dass der Zaun keine politische Grenzlinie darstelle, wissen nicht wovon sie reden…", erklärte der Vorstand des „Siedlerrats" im Jordantal, David Levy. „Alle spielen hier mit falschen Karten und das ist vorteilhaft für alle. Deswegen befürworte ich den Zaun, natürlich werden wir außerhalb – auf der „israelischen" Seite – sein." „Letztlich bin ich nicht mehr mit dem Premier zusammengekommen", sagte Ron Nahman, der Vorstand der Siedlung Ariel, „aber die Karte des Zauns, diese Skizze hier, ist die gleiche Karte, die ich während jedem Besuch, den Arik Sharon hier seit 1978 gemacht hat, gesehen habe." (Yedioth Ahronoth, 31. und 23. Mai 2003).**
Die Daten zur Mauer sind weitestgehend aus einem Flugblatt zur 'Mauer mit Zeittafel'. Hrsg.vom Palestinian Environmental NGOs Network Campaign Website: www.stopthewall.org.

Das Ziel Israels ist klar: das palästinensische Volk soll in die Knie gezwungen und zunehmend aus dem Land getrieben werden, damit die Besiedlung weiter fortgesetzt wird und ganz Palästina unter israelische Kontrolle kommt. Sharon selbst hat gesagt, 1948 sei noch nicht vollendet, d.h., die damals begonnene Vertreibung und Landnahme wird fortgesetzt. Es entlarvt auch die von allen Parteien in Israel befürwortenden Erklärungen, dass diese Mauer der Sicherheit der israelischen Bürger dient. Es geht um weiteren Landraub, Konfiszierung der Grundwasserquellen und Verwandlung der für die Palästinenser verbleibenden 12% ihres Landes in isolierte Gettos. Der Internationale Gerichtshof in Den Haag erklärte im Juli 2004 den Mauerbau als illegal, da er weitestgehend auf dem besetzten palästinensischen Territorium stattfindet. Die Sperranlage sei ein Verstoß gegen das Völkerrecht. Damit wird auch die Auffassung der EU bestätigt, die seit langem darüber besorgt sei, dass die Anlage nicht der Waffenstillstandslinie von 1949 folge und eine friedliche Lösung des Nahostkonflikts erschwere. Die Regierung in Israel verkündete sofort, dass sie die Entscheidung nicht akzeptieren wird. Das Urteil des Internationalen Gerichtshofs hat den Charakter eines Gutachtens und kann nicht mit Strafmaßnahmen durchgesetzt werden. Deshalb fordert das Haager Gericht die Vereinten Nationen auf, besonders die Vollversammlung und den Sicherheitsrat, darüber nachzudenken, welche Maßnahmen nötig sein werden, um die gesetzwidrige Situation zu beenden.

Ausgangssperren, Checkpoints, Land- und Häuserzerstörungen, Angriffe durch Militärs, Hubschrauber und Raketen, all dies erfordert von den PalästinenserInnen täglichen Widerstand, um überhaupt das normale Leben zu organisieren. Der Widerstand gegen die Besatzung ist weiter stark. Trotz der ständigen Demütigungen und Bedrohungen des eigenen Lebens geben die Palästinenser nicht auf in ihrem gerechten Kampf gegen die Besatzung, so wie es ein Flüchtling ausdrückt: 'Wir sind einfache Leute und wir sind stolz, dass wir als einfache Leute der israelischen Armee Widerstand leisten können. Wir haben uns nie schwach gefühlt, obwohl unsere Situation uns schwach macht. Wir widersetzen uns der Ungerechtigkeit und das gibt uns Kraft. Wir appellieren an alle Menschen der Welt, sich nicht unterdrücken zu lassen, sondern gegen Ungerechtigkeit zu kämpfen, wo immer sie sein mag.'

## 'Die Frau in Palästina'

Redebeitrag von Faten Mukarker aus Beit Jala zum Internationalen Frauentag am 8. März 03 – geschrieben für die 8.März Kundgebung in Nürnberg.
Seit der Vertreibung der Palästinenser 1948 aus dem heutigen Israel lebt die palästinensische Frau unter sehr schweren Bedingungen. Sie hatte alles verloren, Haus und Hof. Für die palästinensische Frau ist der 8. März ein symbolischer Tag für ihren Widerstand gegen die Besatzung und für ihr Recht, in einem freien, demokratischen Palästina zu leben. Die Frauen in Palästina stellen 52% der Bevölkerung dar. Eingebunden in die arabische Tradition, hatte sie nicht viel Bewegungsfreiheit. Doch das änderte sich mit Beginn der ersten Intifada 1987. Nachdem viele Männer entweder erschossen wurden oder ins Gefängnis kamen, musste sie jetzt praktisch 'ihren Mann' stehen. Sie musste für die Versorgung der Familie aufkommen. Durch diesen Rollentausch bekam sie mehr Freiheiten. Viele Frauen schlossen sich Frauenbewegungen an, um für ihre Rechte zu kämpfen. Die palästinensische Frau erreichte hohe Positionen; sie hatte Vertretungen im Parlament und in den Ministerien. Auch ihr Anteil an den Universitäten war sehr hoch. Nach dem sogen. Friedensprozess versprachen sich die Frauen positive Änderungen in den Zivilgesetzen. Doch durch den Ausbruch der zweiten Intifada im September 2000 wurde jene Entwicklung innerhalb Palästinas unterbrochen. Mit einer gewaltigen Militärmaschinerie wurden die palästinensischen Dörfer und Städte wieder besetzt. Die israelischen Soldaten machten keinen Halt vor Frauen und Kindern. Ein hoher Anteil der mehr als 3000 Toten und mehr als 40.000 Verletzten sind Frauen und Kinder. Durch die Abriegelung der Westbank seit September 2000 können die palästinensischen Arbeiter nicht mehr ihrer Arbeit nachgehen. Das hat große wirtschaftliche Not über die Menschen gebracht. Heute leben mehr als 70% der Bevölkerung unter dem Existenzminimum. Für die Frauen heißt dass, mit sehr wenig Geld ihre großen Familien durchzubringen. Die monatelangen Ausgangssperren haben besonders die Kinder getroffen, denn sie können nicht in die Schule gehen. Für die Mütter heißt das, dass sie ihren Kindern Unterricht geben müssen. Denn das ist die schlimmste Waffe, mit der sie die Palästinenser schlagen, die Nichtbildung. Heute stehen wir kurz vor einem eventuellen Krieg im Irak. In Israel wurden an alle Menschen Gasmasken verteilt. Da wir nur Palästinenser sind, haben wir keine bekommen. Und die Frauen stehen wieder vor einem großen Problem –was macht sie im Falle eines Falles, um ihre Familie zu schützen. Bis jetzt bleibt uns nur das Gebet und die Hoffnung, dass die Friedfertigen auf dieser Welt siegen werden. Die Zukunftsvision der palästinesischen Frau ist, gleichberechtigt in einem freien und demokratischen Palästina zu leben. Salam, Faten Mukarker.

## Die Situation der politischen Gefangenen

Seit 1967 sind etwa 650.000 Palästinenser inhaftiert worden, das sind 40% der männlichen erwachsenen Bevölkerung in den besetzten Gebieten.
Seit dem Ausbruch der Intifada im September 2000 wurden Tausende von Palästinensern verhaftet. Zur Zeit befinden sich rd. 7000 Gefangene, darunter über 100 Frauen und Mädchen und rd. 370 Minderjährige in israelischen Gefängnissen. Circa 700 der Gefangenen sind Administrativhäftlinge, d.h. Gefangene ohne Anklage. Die Mehrheit der Gefangenen wird in Gefängnissen außerhalb der Westbank und Gazas festgehalten, was schon ein Verstoß gegen die 4. Genfer Konvention bedeutet. Die Gefängnisse sind extrem überfüllt, hygienische Verhältnisse, die Verpflegung sowie die medizinische Versorgung völlig unzureichend. Die Gefangenen werden oft in Hütten und Zelten in Militärbasen unter extremsten Bedingungen festgehalten; außerdem gibt es ein Geheimgefängnis, das berüchtigt ist wegen der dort angewandten schweren Folter. Nach ihrer Verhaftung

werden die Gefangenen in der Regel nicht über den Grund ihrer Verhaftung informiert; beim Verhör werden sie misshandelt, erniedrigt und gefoltert, sowohl körperlich wie auch psychologisch. Sie werden oft unter Druck gesetzt, mit Israel zu kollaborieren. Als die Folterskandale im Gefängnis der US-Besatzungsmacht im Irak, Abu Ghraib, mit großem Entsetzen öffentlich bekannt wurden, gab es keinen Hinweis auf die ebenso schreckliche Situation in den meisten israelischen Gefängnissen, auch kein Hinweis auf die Situation in den türkischen Gefängnissen und das dortige jahrelang andauernde Todesfasten gegen die Isolationsfolter. Addameer, eine palästinensische Gefangenenhilfs- und Menschenrechtsvereinigung berichtet u.a. von Massenverhaftungen in den besetzten palästinensischen Gebieten: so wurden allein im April 2002 über 15.000 Palästinenser während der Ausgangssperren verhaftet. Für die Minderjährigen und die Frauen ist die Situation besonders schlimm ohne den Schutz ihrer Familien. Die Frauen organisieren oft Hungerstreiks und machen ihre Forderungen nach verbesserten Haftbedingungen deutlich. Im April 2003 gab die 'Bewegung der palästinensischen Gefangenen in den Gefängnissen und Haftzentren der israelischen Besatzung' eine Grundsatzerklärung heraus, in dem sie das Recht auf Freiheit und Widerstand gegen die Besatzung proklamieren und betonen, dass die Sache der politischen Gefangenen eine nationale Angelegenheit erster Ordnung sein muss, denn 'die palästinensischen Gefangenen sind Vorkämpfer der Verteidigung der nationalen palästinensischen Interessen und haben gekämpft, um palästinensische Ziele, Hoffnungen, Träume und Wünsche zu verwirklichen....Sie sind Teil des ganzen palästinensischen Kampfes und können nicht vom Streben nach nationaler Freiheit und Unabhängigkeit abgetrennt werden.' (Zitiert aus der Grundsatzerklärung). Zuletzt traten im August 2004 rd. 1600 palästinensische Gefangene aus mehreren israelischen Gefängnissen in den Hungerstreik, um ihren Forderungen auf Verbesserung ihrer Haftbedingungen Nachdruck zu verleihen, unterstützt vom Komitee der Angehörigen der Gefangenen. Im Verlauf des Hungerstreiks schlossen sich weitere Tausende Gefangene an. Der palästinensische Abgeordnete Marwan Barghouti, der zur Zeit wohl bekannteste palästinensische Gefangene, der seit zwei Jahren in Isolationshaft sitzt, setzte den Hungerstreik auch nach dem Abbruch desselben fort. Die palästinensische Gesellschaft für Gefangene forderte in einem Kommunique am 4.9.04 ein dringendes Einschreiten zur Verbesserung seiner Lage, um sein Leben zu retten.

## Die 'Friedens'pläne

Zu den Verhandlungen und Abkommen von Madrid und Oslo ist in diesem Buch ausführlich berichtet worden, besonders zu dem Ergebnis von Oslo I und II. Danach gab es weitere Verhandlungen.*

- Das Wye River- Memorandum vom Oktober 1998
- Die Camp-David Verhandlungen vom Juli 2000
- Verhandlungen in Taba 2001
- Die Road-Map des sogen. Nahost-Quartetts von 2002
- Die sogen. 'Genfer Initiative' oder Genfer Abkommen (Geneva Accord) vom Dezember 2003
- Der Trennungsplan von Scharon von 2004.

Es würde den Rahmen dieses Buches sprengen, zu all diesen Verhandlungen eine detaillierte Einschätzung zu geben. Gemeinsam ist ihnen, dass sie in der Regel der Beruhigung und Verschleierung der Realität dienen und den Palästinensern mit dem Prinzip Hoffnung Zugeständnisse abringen wollen. Eine kritische Einschätzung der Roadmap ist im Anhang zu finden. Ebenso ein Verweis auf eine Analyse des Genfer Abkommens. Ich überlasse es dem Leser/der Leserin, sich selbst ein Bild über die tatsächliche Situation der Besatzung zu machen und die verschiedenen Pläne daran zu messen, ob sie die zentralen Forderungen der Palästinenser nach einem eigenen Staat mit Ostjerusalem als Hauptstadt, dem Rückzug aller Siedler aus den besetzten Gebieten, dem Rückkehrrecht der Flüchtlinge und der Einhaltung aller UN-Resolutionen durch Israel enthalten. Israel

* zu den verschiedenen Abkommen und Plänen vergl. die Hinweise in der Literaturliste und im Anhang.

selbst bzw. seine Regierungen haben immer wieder deutlich gemacht, dass sie mit aller Macht das Entstehen eines palästinensischen Staates verhindern werden. Frieden heißt zunächst einen ersten gegenseitigen Schritt zu machen und sich als gleichberechtigte Partner um eine ernsthafte Lösung zu bemühen. Solange Israel seinen starken Schutzpatron USA fest an seiner Seite findet, egal, welche völkerrechtlichen Übergriffe es macht, wird es diesen Schritt nicht nötig haben.

Die Palästinenser müssen endlich über die Entwicklung ihrer Gesellschaft, ihrer wirtschaftlichen Zukunft, ihrer Außenbeziehungen selbst entscheiden können, frei von Einmischung und Diktaten. Solange täglich palästinensische Dörfer den Übergriffen schwer bewaffneter israelischer Siedler ausgesetzt sind, weiter Land konfisziert wird, Zivilisten von Soldaten getötet werden, Dörfer und Städte von ihrer Umgebung abgeschnitten werden, die Wasser- und Lebensmittelversorgung der Menschen von der Besatzungsmacht abhängt, wird der Widerstand bestehen bleiben und die Gewalt weiter wachsen. Frieden kann nur durch echte Verhandlungen geschaffen werden. Zusammen mit dem palästinensischen Widerstand fordern wir: – **Schluss mit der israelischen Besatzung, Schluss mit dem Siedlungsbau –Abbau aller Siedlungen; Rückkehrrecht aller palästinensischen Flüchtlinge, Freilassung der politischen Gefangenen, Einhaltung aller UN-Resolutionen durch Israel, Schluss mit der Unterstützung der israelischen Aggressionspolitik durch die deutsche Bundesregierung. Anerkennung des Rechtes der Palästinenser auf Selbstbestimmung und einen eigenen Staat sowie ein Leben in Frieden und Sicherheit.**

Auch auf **israelischer Seite** gibt es in diesem Krieg inzwischen – 2004 – fast tausend Tote und Tausende Verletzte. Im Unterschied zur Intifada von 1987 ist ein Teil der palästinensischen Bevölkerung (Polizei, Sicherheitskräfte) bewaffnet. Außerdem ist der Krieg zum ersten Mal durch bewaffnete Aktionen und Attentate direkt in die israelische Gesellschaft hineingetragen worden. Dadurch kann deren Bevölkerung sich nicht mehr so verhalten, als finde die israelische Besatzung auf einem anderen Stern statt. In Israel gibt es etliche Friedensgruppen, die das Ende der Besatzung fordern und sich ein friedliches Miteinander mit ihren palästinensischen Nachbarn wünschen. Viele dieser Gruppen unterstützen die Palästinenser direkt und arbeiten mit ihnen zusammen, z.B. das Komitee gegen die Häuserzerstörungen. Es finden gemeinsame Demonstrationen gegen den Mauerbau statt und auch bei der palästinensischen Olivenernte arbeiten israelische und internationale Friedensgruppen und zusammen mit den Palästinensern. Diese aktive Solidarität wird inzwischen durch das israelische Militär massiv behindert, Israelis und Internationale (zum Beispiel vom International Solidarity Movement –ISM-) werden verfolgt, ihnen wird die Einreise verboten und einzelne von ihnen wurden bei gemeinsamen Widerstandsaktionen vom Militär ermordet. Die Palästinenser brauchen diese Unterstützung dringend, da jeder einzelne Internationale wie auch jeder Israeli im Ausland bzw. in Israel selbst Zeugnis ablegt über die Barbarei der Besatzung. Dieses ist wichtiger denn je, da die Medien über den Terror der alltäglichen Besatzung so gut wie gar nicht mehr berichten, dagegen alle Aktionen und Attentate gegen Militär und Zivilisten in Israel in großer Aufmachung in den Medien erscheinen. Den Medien geht es darum, die weltweit wachsende Sympathie für den Kampf des palästinensischen Volkes gegen die Besatzung und für einen gerechten Frieden zu verhindern.

*'Frieden braucht Brücken und keine Mauern'*

## Verweigerer in der israelischen Armee

Besonders erwähnen möchte ich an dieser Stelle die verschiedenen Formen der Verweigerung des Militärdienstes in den besetzten Gebieten, da diese Verweigerung große Auswirkungen auf das militärische Selbstverständnis des israelischen Staates und seiner militarisierten Gesellschaft hat.

In einer Meldung (AP v. 8.1.04) aus dem Gefängnis von Karmel/Israel, in dem fünf junge Männer, die den Kriegsdienst im Westjordanland und Gaza aus Gewissensgründen verweigerten, eine Haftstrafe antreten müssen, lesen wir (Auszüge):
Sechs Kriege in der 56-jährigen Geschichte des Staates Israel haben dazu geführt, dass der Verteidigungspatriotismus in der großen Mehrheit der israelischen Bevölkerung tief verwurzelt ist. Die meisten gehen mit 18 Jahren bereitwillig zum Wehrdienst, der für Männer drei Jahre und für Frauen 21 Monate dauert. Die Reservistenzeit endet meistens mit dem 40. Lebensjahr. Seit dem Beginn des jetzigen Aufstands der Palästinenser haben zwar erst sechs junge Israelis den Kriegsdienst mit der Begründung verweigert, dass sie das Vorgehen in den besetzten Gebieten nicht mit ihrem Gewissen vereinbaren könnten. Sehr viel junge Menschen aber haben sich mit anderen Begründungen dem Eintritt in die Armee entzogen. Außerdem sind mehrere hundert Reservisten ins Gefängnis gegangen, weil sie den Dienst in den palästinensischen Gebieten abgelehnt haben (Erklärung der Reservisten vom Sommer 2002). Zahllose andere haben stillschweigende Vereinbarungen mit ihren Kommandeuren getroffen, dass sie nur auf israelischem Territorium zum Einsatz kommen. Für großes Aufsehen sorgte 2003 die Dienstverweigerung durch eine Gruppe von Luftwaffenpiloten.
Im Juni 2004 zeigen ehemalige israelische Soldaten in Tel Aviv eine Foto- und Videoausstellung, die ihr Verhalten gegenüber Palästinensern in den besetzten Gebieten dokumentiert. Mehr als achtzig junge Israelis, die ihren Armeedienst in den besetzten Gebieten (vor allem Hebron) geleistet hatten, trugen zu der **Ausstellung 'Breaking the Silence', deutsch: 'Das Schweigen brechen'** bei. Sie erzählen von der langsamen Verwandlung, die sie durchmachten: 'Man hat mir beigebracht, dass ein achtjähriges Kind und eine 90 Jahre alte Frau zuallererst und insbesondere mögliche Terroristen sind, dann Palästinenser, Araber und nur als letztes –Menschen', so ein ehemaliger Soldat gegenüber der Zeitung Jediot Ahronot. Ein anderer erzählt, wie ein Soldat einfach eine Blendgranate zwischen palästinensische Kinder warf, nur um seine Langeweile zu lindern; ein weiterer, wie sein Kommandeur eine Hochzeitsprozession während einer Ausgangssperre anhielt und den Brautleuten die Autoschlüssel wegnahm.(Junge Welt vom 10.6.04).

## Worauf es ankommt

Es kommt im Augenblick nicht darauf an
wann es war
daß die Unterdrückerregierung
in Israel
sich verwandelt hat
in eine Verbrecherregierung

Aber es kommt darauf an
zu erkennen
daß sie jetzt
eine Verbrecherregierung ist

Es kommt auch nicht mehr darauf an
darüber zu streiten
nach welchem Vorbild
sie ihre Verbrechen begeht
die Verbrechen selbst
tragen sichtbar die Spur ihres Vorbilds

Aber es kommt darauf an
nicht nur klagend oder erstaunt
den Kopf zu schütteln über diese Verbrechen
sondern endlich
etwas dagegen zu tun

Es kommt nicht darauf an
was man ist
Moslem Christ Jude Freigeist
ein Mensch, der ein Mensch ist
kann nicht schweigen
zu dem was geschieht

ERICH FRIED

## Brief des Verweigerers Chaim Feldman an seinen Offizier

**Chaim Feldman ist ein Reservesoldat. Er wurde letztes Jahr für 21 Tage inhaftiert, weil er sich weigerte, als Besatzungssoldat zu dienen. Es ist ziemlich wahrscheinlich, dass er morgen (12.7.04) wieder ins Gefängnis muss. Der folgende Brief an seinen Verbindungsoffizier erklärt warum.**

An den Leutnant Adi Boneh, Verbindungsoffizier, Einheit 02043
Shalom, meine Botschaft ist kurz und bündig:
ich habe nicht die Absicht, die Uniform der sog, Israelischen Verteidigungsarmee ( IDF) zu tragen und will in keiner Weise ihr dienen. Ich will mit keiner Organisation zu tun haben, die Panzergranaten in eine Menschenmenge von Kindern und Erwachsenen abfeuert. Ich will nichts mit einer Organisation zu tun haben, die eine barbarische und rassistische Betonmauer baut, die einfache Leute von ihrem Arbeitsplatz, ihren Feldern, ihrem Fußballplatz und sogar von ihrem Friedhof trennt. Ich will nicht mit einer Organisation verbunden sein, die gesetzesbrechende Siedler verteidigt, die Olivenbäume absägt oder verbrennt, Kinder angreift, Besitz beschädigt und ganz normale Menschen demütigt.
Ich will einfach nicht mit einer Organisation verbunden sein, die Verbrechen begeht. Die IDF sollte eine kleine dynamische Armee sein – doch der Staat hat sie in ein Monster verwandelt. Denn dieser Staat hat sich selbst von seinen Nachbarn im Nahen Osten entfremdet, in dem es eine rassistische Apartheidmauer baut, um fanatisch seinen …jüdischen Charakter zu bewahren. Indem er das tut, trampelt er auf dem bewundernswerten Potential für eine Koexistenz mit dem arabischen Volk herum, einem Volk, das nicht weniger begabt und gut ist als das jüdische Volk. Stellen Sie sich nur vor, was es für ein wunderbares Land sein könnte, wenn wir uns einender nähern könnten und wenn wir alle arabisch sprechen lernen würden, bevor wir englisch lernen. Aber nein, wir lernten nicht die große Lektion aus dem Holocaust. Wir hassen weiter, und wir isolieren uns noch immer innerhalb unseres polnischen Ghettos.
Alle meine Aktionen sind auf einen wirklichen Frieden zwischen allen Völkern, die hier leben, ausgerichtet und auf einen Frieden zwischen den Menschen und ihrer Umwelt. Das ist mein wirklicher Dienst, den ich hier in Israel zu tun habe. Und wenn die Menschen ihre Energien für dies verwenden würden und nicht für die Armee, dann wäre dies seit langem ein besserer Ort geworden. Nun, im Juli 2004, bin ich dabei, den Kampf gegen die Trans-Israel-Autobahn zu koordinieren, die die Höhen von Menasche zu zerstören droht. Unser Zelt steht unter Oliven- und Pfirsichbäumen des Kapher Kara'a-Dorfes, dessen Bäume zerstört werden sollen. Außerdem bin ich aktiv im Kampf gegen diese schreckliche Apartheidmauer, die nur noch mehr Hass gegen uns weckt von Seiten der Palästinenser und der israelischen Araber. In den verarmten Lagern der Palästinenser werde ich mit noch paar anderen helfen, Gärten und Parzellen anlegen, damit dort Gemüse angebaut werden kann. Außerdem muss ich meine arbeitslosen Eltern unterstützen ….bitte nehmen Sie mir deshalb die kriminelle Bürde ab. Ich beabsichtige nicht, mein militärisches Eignungsprofil abzuschwächen ( eine übliche Methode, um vom Militärdienst befreit zu werden und Gefängnisstrafe zu vermeiden) Ich bin ein Kämpfer und stolz auf das, was ich bin – doch nun ist meine wirkliche Schlacht die für den Frieden zwischen den Menschen und dem Land. Selbst wenn Sie entscheiden, mich für zwei Jahre ins Gefängnis zu schicken, werde ich verweigern. Ich bedaure nichts. Dies ist besser als ein Krimineller in IDF-Uniform. Danke!

Chaim Feldman (Aus dem Englischen: Ellen Rohlfs)

# Israel als imperialistischer Vorposten gegen die arabische Welt

Die Besatzung und der Krieg gegen das palästinensische Volk ist nur möglich durch die massive politische und militärische Unterstützung der USA und auch der europäischen Staaten, hier insbesondere Deutschlands. Israel gilt für die imperialistischen Staaten als strategischer Brückenkopf bei allen Versuchen, in die arabische Golfregion zu intervenieren Israel ist die einzige Atommacht im arabischen Raum und besitzt nach Meinung von Experten über 200 Nuklearwaffen.

Aus den USA fließen jährlich 3 Mrd. Dollar nach Israel, hauptsächlich für Waffenkäufe, nach Israel. Seit 1973 hat Israel allein 100 Mrd. Dollar offizielle Hilfe aus den USA erhalten! Nicht enthalten sind darin die geliehenen und geschenkten Gelder, ebenfalls nicht die hohen Spenden der prozionistischen, jüdischen und sonstigen Lobby (besonders die über die Aipac organisierten Gelder – Aipac=American Israel Public Affairs Committee). (West-)Deutschland steht seit 1957, als F.J. Strauß und Schimon Peres erste militärische Verbindungen herstellten, fest an der Seite Israels. Aus Deutschland wurden allein im Jahr 2000 Rüstungsgüter im Wert von knapp 350 Mio. DM, entspricht 176 Mio. Euro, nach Israel exportiert. Im Jahr 2002 waren es Kriegswaffen im Wert von 160 Millionen Euro. Deutsche Rüstungskonzerne liefern modernste U-Boote –die in Israel mit atomaren Sprengköpfen aufgerüstet werden-, Schnellfeuergewehre, Motoren und high-tech-Waffensysteme für die israelischen Panzer, die damit palästinensische Dörfer und Flüchtlingslager in Schutt und Asche legen. Darüber hinaus gibt es einen regen Austausch zwischen deutschen und israelischen Offizieren. Schon seit vier Jahrzehnten rüstet Deutschland die israelische Marine mit U-Booten aus. Bei den letzten drei U-Booten (1999 und 2000) trug die Bundesregierung fünf sechstel der Kosten, d.h. sie wurden quasi an Israel verschenkt. Bei der zur Zeit (Sept. 04) vorbereitete Lieferung von zwei weiteren U-Boote an Israel betont Struck, dass sie dieses Mal nicht geschenkt werden können; Israel müsse sich um 'Ersatzfinanzierung' kümmern. Die Bundesregierung darf laut ihren eigenen Bestimmungen keinerlei Waffen in Spannungsgebiete entsenden, aber offensichtlich gilt in diesem Bereich dasselbe wie für das Völkerrecht, dass Israel davon ausgenommen ist. Außenminister Joschka Fischer spricht in einem Interview (s. Frankfurter Rundschau v. 20.4.02) von '**unserer fortgesetzten Verpflichtung zu einer nicht hinterfragbaren Solidarität' mit Israel. Zitat: 'Dies schließt traditionell auch, damit das klar ist, die Rüstungszusammenarbeit mit Israel ein.**'

Besonders das letzte Kapitel soll uns deutlich machen, dass wir in der westlichen Welt viele Aufgaben haben, uns für einen gerechten Frieden in der Region einzusetzen. Die Waffenlieferungen müssen gestoppt werden, Sanktionen und Boykott* geprüft und umgesetzt werden, solange Israel gegen alle Völkerrechtsnormen verstößt und den Frieden in der ganzen Region gefährdet. Die Palästinenser leben nur noch auf 22,5 % ihres Territoriums und haben auf den Rest verzichtet. Israel muss die Besatzung dieses Gebietes bedingungslos aufgeben, dies wäre ein Schritt, der nicht nur den Palästinensern Frieden ermöglichen würde, sondern genauso der israelischen Bevölkerung. Denn Krieg und Besatzung bedrohen auch die israelische Gesellschaft, die Mauer macht nicht nur aus den besetzten Gebieten ein Gefängnis, sie mauert auch die israelische Gesellschaft ein, vielleicht mehr als die palästinensische. Die Mauer ist eine Mauer im Denken. Sie verhindert, zu erkennen, dass nur durch Frieden Freundschaft, Entwicklung, Zusammenarbeit und Wohlstand entstehen kann und nicht durch Krieg und Besatzung.

---

* Im September 2001 haben sich in Durban/Südafrika rund 3000 Organisationen der Zivilgesellschaft aus der ganzen Welt an der dritten Weltkonferenz gegen Rassismus getroffen und verabschiedeten eine NGO-Erklärung und ein Aktionsprogramm. Sie riefen vereint zum weltweiten Boykott und Sanktionen gegen Israel auf, forderten die Gründung einer Anti-Apartheidsbewegung gegen Israel, um das Schweigen der Staaten gegen die Besatzung, speziell das der EU und der USA, zu beenden.

# Literatur


F.A. Sayeh: Der zionistische Kolonialismus in Palästina, Palästina-Monographien 1, Verlag: s.o. 1968
Sami Hadawi: Bittere Ernte; Palästina 1914-1967; Palästina-Monographien 5, Verlag für zeitgeschichtliche Dokumentation, 2. Aufl. 1977
D.Metzger/ M.Orth/ C.Sterzing: Das ist unser Land; Lamuv-Verlag, 1980
Kontrovers: Der israelisch-arabische Konflikt, Bundeszentrale für politische Bildung, 1980
Ghassan Khanafani: Ein palästinensisches Leben, Redaktion 3 WM Zeitschrift „Al Karamah", besonders: Nr. 8/1988: Zur Geschichte der palästinensischen Aufstände Lukas Vischer,
Livia Rokah, Israels Heiliger Terror, vergriffen
Abdallah Frangi: PLO und Palästina, R.G. Fischer Verlag, Frankfurt/M, 1982
Zeitschrift „Palästina", vierteljährlich seit Ende 1987 - 1991 Hrsg.Informationsstelle Palästina
Shannee Marks: Wo ist Palästina? Transit 1983
Karam Khella, Israelisch-arabischer Konflikt, 1982, Theorie und Praxis Verlag
W.Hollstein, Kein Frieden um Israel, Wien 1984
Edith Laudowicz, Befreites Land – befreites Leben
Viktoria Walz/ Joachim Zschiesche: Die Erde habt ihr uns genommen, Das Arabische Buch, Berlin, 1986
Alexander Flores, Nationalismus und Sozialismus im arabischen Osten
W. Hollstein, Sozialgeschichte Palästina
S.Flapan, Die Geburt Israels, München 1988
Khella (Hrsg.) Zionismus und palästinensischer Widerstand, Seminar Wien 1989
Nazeh Brik, Kibbuz – Legende und Wirklichkeit, 1991, Theorie und Praxis Verlag
IIS, Imperialismus und Judenfrage
Faris Yahya, Die Zionisten und Nazideutschland
Ali Hashash, Palästina-Kampf der Gegensätze, Focus-Verlag 1991
Prader, Aufstand in Palästina
Zahal- Report, Militärverlag der DDR, 1988
Beit-Hallahmi, Schmutzige Allianzen, Kindler Verlag 1988
A. u. K. Timm: Westbank und Gaza, Dietz Verlag Berlin 1988
Lübben, Jans: Kinder der Steine, rororo aktuell, Hamburg 1988
Alexander Flores: Intifada, Rotbuch Verlag, Berlin, 1989
Felicia Langer: Die Zeit der Steine, Lamuv 1. Aufl. 1990
L. Watzal, Friedensfeinde, Aufbau-Taschenbuchverlag 1998
Ders., Feinde des Friedens, Aufbau-Taschenbuchverlag 2001
F.Langer, Quo vadis, Israel?, Lamuv-Verlag 2001
S. Farhat-Naser, Thymian und Steine, Lenos Verlag 2001
E.Said, Das Ende des Friedensprozesses, Berlin Verlag 2002
A. Hass, Gaza, Beck-Verlag 2003
F. Langer, Brandherd Nahost, Lamuv 2004
Zeitschrift Intifada, Wien, 3 x jährlich
Hrsg. Deutsch-palästinensischer Frauenverein, Der Nahost-Konflikt,
Brennpunkt Israel-Palästina, Materialien, 2004

## UN-GENERALVERSAMMLUNG - RESOLUTION 181 (11)
### vom 29. November 1947 (Auszug)

**Die Generalversammlung,**

...

die einen Sonderausschuß gebildet und ihn angewiesen hat, alle Angelegenheiten und Streitfragen zu untersuchen, die für das Palästinaproblem von Bedeutung sind, und Vorschläge für die Lösung des Problems vorzubereiten und

...

**zieht in Betracht**, daß die gegenwärtige Situation in Palästina derart ist, daß sie das allgemeine Wohl und die freundlichen Beziehungen zwischen den Nationen wahrscheinlich beeinträchtigen wird;
**nimmt Kenntnis von** der Erklärung der Mandatsmacht, daß sie beabsichtigt, bis zum 1. August 1948 die Räumung Palästinas zu vollenden;
**empfiehlt dem Vereinigten Königreich** als Mandatsmacht für Palästina und allen Mitgliedern der Vereinten Nationen, hinsichtlich der zukünftigen Regierungsform Palästinas den Plan einer Teilung mit wirtschaftlicher Union, der weiter unten ausführlich dargelegt werden wird, anzunehmen und durchzuführen;

ersucht darum, daß
(...)
c) der Sicherheitsrat jeden Versuch, die in diesem Beschluß in Aussicht genommenen Regelungen durch Gewalt zu ändern, als eine Bedrohung oder Verletzung des Friedens oder einen Akt der Aggression, gemäß Artikel 39 der Charta, feststellt;
...
**fordert die Bewohner Palästinas auf**, die Schritte zu unternehmen, die ihrerseits notwendig sind, um den Plan zu verwirklichen;
**appelliert an alle Regierungen und Völker**, jede Tätigkeit zu unterlassen, die die Ausführungen dieser Empfehlungen verhindern oder verzögern könnte ...

### TEILUNGSPLAN MIT WIRTSCHAFTLICHER UNION, Teil 1
### Zukünftige Verfassung und Regierung von Palästina

#### A. Beendigung des Mandats - Teilung und Unabhängigkeit
1. Das Mandat über Palästina soll sobald wie möglich beendet werden, jedoch auf keinen Fall später als am 1. August 1948.
2. Die bewaffneten Kräfte der Mandatsmacht sollen von Palästina nach und nach abgezogen und der Abzug sobald wie möglich abgeschlossen werden, jedoch auf keinen Fall später als am 1. August 1948.
(...)
3. Unabhängige arabische und jüdische Staaten sowie das Besondere Internationale Regime für den Stadtbezirk von Jerusalem - ausführlich erläutert in Teil III dieses Planes - sollen zwei Monate nachdem der Abzug der Streitmächte der Mandatsmacht beendet worden ist, auf

jeden Fall nicht später als am 1. Oktober 1948, zur Existenz gelangen. Die Grenzen des arabischen Staates sowie des jüdischen Staates sowie des Stadtbezirks von Jerusalem sollen verlaufen wie weiter unten in Teil II und Teil III beschrieben.

**B. Vorbereitende Schritte zur Unabhängigkeit**

…

2. Die Verwaltung von Palästina soll, in dem Maße wie die Mandatsmacht ihre Streitkräfte abzieht, nach und nach der Kommission übergeben werden…

(…)

4. Nach Beratung mit den demokratischen Parteien und anderen öffentlichen Organisationen des arabischen und jüdischen Staates soll die Kommission in jedem Staat so schnell wie möglich einen Provisorischen Regierenden Rat wählen und einsetzen. Die Tätigkeit des arabischen und des jüdischen Provisorischen Regierenden Rates soll unter der allgemeinen Leitung der Kommission ausgeübt werden…

(…)

9. Der Provisorische Regierende Rat jedes Staates soll bis spätestens zwei Monate nach Abzug der Streitkräfte der Mandatsmacht nach demokratischen Grundsätzen Wahlen für die verfassungsgebende Versammlung abhalten…

10. Die verfassungsgebende Versammlung jedes Staates soll eine demokratische Verfassung für ihren Staat entwerfen und eine provisorische Regierung wählen als Nachfolger für den von der Kommission ernannten Provisorischen Regierenden Rat…

(…)

**C. Die Deklaration**

Vor der Unabhängigkeit soll von der provisorischen Regierung jedes der geplanten Staaten eine Deklaration an die Vereinten Nationen gerichtet werden. (…)

**Kapitel 1: Sakrale Plätze, religiöse Gebäude und Stätten**

1. Bestehende Rechtsregelungen für sakrale Plätze und religiöse Gebäude oder Stätten sollen nicht aufgehoben oder eingeschränkt werden.

2. Für sakrale Plätze soll – im Rahmen der Erfordernisse der nationalen Sicherheit, der öffentlichen Ordnung und Sitte – die Freiheit des Zugangs, ihres Besuches und der Durchreise zu ihnen für alle Einwohner und Bürger des anderen Staates und des Stadtbezirks von Jerusalem sowie für alle Ausländer ohne Unterschied der Nationalität gemäß geltenden Rechten gewährleistet werden.

…

**Kapitel 2: Religiöse und Minderheiten-Rechte**

1. Gewissensfreiheit und die freie Entfaltung aller Arten der Religionsausübung sollen allen zugesichert sein und lediglich der Aufrechterhaltung der öffentlichen Ordnung und Moral unterliegen.

2. Kein irgendwie gearteter Unterschied soll zwischen den Einwohnern aufgrund ihrer Rasse, Religion, Sprache oder ihres Geschlechts gemacht werden.

…

8. Es soll keine Enteignung von Land erlaubt sein, das sich im Besitz eines Arabers im jüdischen Staat (eines Juden im arabischen Staat) befindet, außer für öffentliche Vorhaben. In allen Fällen von Enteignung soll vor der Durchführung eine vom Obersten Gerichtshof festgesetzte Entschädigung geleistet werden.

**Kapitel 3: Staatsbürgerschaft, internationale Abkommen und finanzielle Verpflichtungen**

1. Staatsbürgerschaft. Außerhalb des Stadtbezirks von Jerusalem in Palästina wohnhafte palästinensische Staatsbürger sowie Araber und Juden, die, ohne palästinensische Staatsbürger zu sein, in Palästina, außerhalb des Stadtbezirks von Jerusalem, leben, sollen nach Anerkennung der Unabhängigkeit Bürger des Staates werden, in dem sie leben und alle bürgerlichen und politischen Rechte genießen.

(...)

**D. Wirtschaftlicher Zusammenschluß und Transit**

**Die Wirtschaftsunion von Palästina**

**(...)**

2. Die Ziele der Wirtschaftsunion von Palästina sollen sein:

a) eine Zollunion;

b) ein gemeinschaftliches Währungssystem, aus dem ein einziger Wechselkurs folgt;

c) der Betrieb von Eisenbahnen, zwischenstaatlichen Fernverkehrsstraßen, postalischen, telefonischen und telegrafischen Diensten und von Häfen und Flughäfen, die in das internationale Handels- und Geschäftsleben einbezogen sind, in beiderseitigem Interesse und ohne irgendwelche Diskriminierungen;

d) gemeinsame und wirtschaftliche Entwicklung, besonders hinsichtlich der Bewässerung, Neugewinnung von Land und Bodenerhaltung;

e) gleichberechtigte Nutzung von Wasser- und Energieanlagen für beide Staaten und den Stadtbezirk von Jerusalem.

Quelle: **Die UN-Resolutionen zum Nahost-Konflikt**
Völkerrecht und Politik, Band 5. Berlin 1978, S. 27ff.

## UN-GENERALVERSAMMLUNG - RESOLUTION 194 (111)
### vom 11. Dezember 1948 (Auszug)

Die Generalversammlung,

**nach weiterer** Erörterung der Lage in Palästina

(...)

**11. beschließt**, daß denjenigen Flüchtlingen, die zu ihren Wohnstätten zurückkehren und in Frieden mit ihren Nachbarn leben wollen, dies zum frühestmöglichen Zeitpunkt gestattet werden soll und daß für das Eigentum derjenigen, die sich entscheiden, nicht zurückzukehren, sowie den Verlust oder die Beschädigung von Eigentum, auf der Grundlage internationalen Rechts oder nach Billigkeit von den verantwortlichen Regierungen und Behörden Entschädigung gezahlt werden soll;

**beauftragt** die Schlichtungskommission, die Repatriierung, Wiederansiedlung und wirtschaftliche und soziale Wiedereingliederung der Flüchtlinge und die Zahlung von Entschädigungen zu ermöglichen und enge Beziehungen zum Leiter der UN-Hilfsorganisation für palästinensische Flüchtlinge und durch ihn mit den geeigneten Organen und Vertretungen der Vereinten Nationen zu unterhalten; (...)

Quelle: a.a.O., S. 81ff.

## UN-SICHERHEITSRAT - RESOLUTION 242
**vom 22. November 1967**

**Der Sicherheitsrat**
- **in Bekundung** seiner ständigen Sorge über die ernste Lage in Nahost,
- **in Betonung** der Unzulässigkeit, Gebiete durch Krieg zu erwerben, und der Notwendigkeit, für einen gerechten und dauerhaften Frieden zu arbeiten, in dem jeder Staat des Gebietes in Sicherheit leben kann,
- **in Betonung** ferner, daß alle Mitgliedsstaaten durch die Annahme der Charta der Vereinten Nationen die Verpflichtung eingegangen sind, in Übereinstimmung mit Artikel 2 der Charta zu handeln.

**1. bekräftigt**, daß die Erfüllung der Grundsätze der Charta die Errichtung eines gerechten und dauerhaften Friedens in Nahost verlangt, der die Anwendung der beiden folgenden Grundsätze einschließt:

(i) Rückzug der israelischen Streitkräfte aus (den) Gebieten, die während des jüngsten Konflikts besetzt wurden;

(ii) Einstellung aller Behauptungen oder Formen eines Kriegszustandes sowie die Beachtung und Anerkennung der Souveränität, der territorialen Unversehrtheit und der politischen Unabhängigkeit eines jeden Staates in diesem Gebiet und die seines Rechtes, innerhalb sicherer und anerkannter Grenzen frei von Drohungen und Akten der Gewalt in Frieden zu leben;

2. **bekräftigt** ferner die Notwendigkeit,

a) die freie Schifffahrt auf den internationalen Wasserstraßen des Gebietes zu garantieren;

b) eine gerechte Regelung des Flüchtlingsproblems zu verwirklichen;

c) die territoriale Unversehrtheit und die politische Unabhängigkeit eines jeden Staates in dem Gebiet durch Maßnahmen sicherzustellen, zu denen die Schaffung entmilitarisierter Zonen zählt;

3. ersucht den Generalsekretär, einen Sonderbeauftragten zu ernennen, der sich nach dem Nahen Osten begeben soll, um dort mit den betroffenen Staaten Verbindung aufzunehmen und zu unterhalten, damit ein Abkommen begünstigt wird und Bemühungen unterstützt werden, um eine mit den Bestimmungen und Grundsätzen dieser Entschließung übereinstimmende friedliche und allgemein anerkannte Lösung zu finden;

4. ersucht den Generalsekretär, dem Sicherheitsbeirat sc bald wie möglich über den Fortschritt der Bemühungen des Sonderbeauftragten zu berichten.

*Einstimmige Annahme. Quelle: Vereinte Nationen, 6/1967, S. 203.*

1 *Tatsächlich verkürzte England den Zeitraum und beendete am 14. Mai 1948 mit dem Rückzug seiner Streitkräfte das Mandat. Am 15. Mai 1948 erfolgte dann die Proklamation des Staates Israel.*

2 *Strittig ist, ob die Resolution den israelischen Rückzug aus den (d.h. allen) besetzten Gebieten fordert, oder nur aus besetzten Gebieten, d.h. nur einen Teil der Territorien. Verbindliche Konferenzsprachen der UN sind u.a. Englisch und Französisch. Die umstrittene Formulierung 1.(i) der Resolution lautet in der englischen Originalfassung: „Withdrawal of Israeli armed forces from territories occupied in the recent conflict"; in der französischen Fassung: „Retrait des forces israèliennes des territoires occupes lors du recent conflict." Die Vorgeschichte des Beschlusses zeigt, daß gerade um die Alternative „territories" oder „all the territories" erbittert gerungen wurde, daß aber die verschiedenen Delegationen ausdrücklich erklärt haben, den endgültigen Beschluß im Sinne ihres jeweiligen Rechtsstandpunktes auszulegen.*

## 1. Papier zur Roadmap

### Nicht Roadmap, sondern Roadblock für den Frieden! Statt Fahrplan zum Frieden- Weg in die Sackgasse

Die Roadmap, der Friedensplan des sog. Nahost-Quartetts (USA, EU, Russland, UN) für die Lösung des Israel -Palästina-Konflikts, ist keine vier Monate nach ihrer Inkraftsetzung bereits gescheitert.

**Die Gründe liegen zum einen im Konzept der Roadmap selbst:**

1. Die Bedingungen und Verpflichtungen die den beiden Parteien zum Erreichen des Friedensziels auferlegt werden, sind extrem ungleichgewichtig: Die Palästinenser, die weitaus schwächere Partei, hat die meisten Vorleistungen zu erbringen, die Forderungen an sie sind hart und deutlich formuliert. Die Hauptbedingung für die Phase 1, in ständiger Wiederholung förmlich eingehämmert, ist, „Gewalt und Terrorismus umgehend und bedingungslos einzustellen" und „die Infrastruktur der Terroristen zu zerschlagen". Damit wird der palästinensische Widerstand gegen die israelische Besatzung in seiner ganzen Breite pauschal als „Terrorismus" diffamiert und kriminalisiert und es wird unterstellt, der palästinensische Widerstand sei das Grundproblem des Konflikts und nicht die nun schon 36 Jahre andauernde Besatzung mit all ihren Unterdrückungsmechanismen. Die geforderte „Zerschlagung" der „terroristischen Infrastruktur" liefe zudem auf einen Bürgerkrieg und letztlich auf eine totale Kapitulation hinaus, diese Forderung ist deshalb für die Palästinenser a priori unerfüllbar. Von Israel wird in vager Formulierung nur gefordert, „alles zu unterlassen, was das Vertrauen untergraben könnte". Im Folgenden werden zwar einzelne Maßnahmen wie Ausweisungen Angriffe auf Zivilisten und Häuserzerstörung genannt, diese sollen aber nur als Strafmaßnahme und zur Erleichterung von Bautätigkeit unterlassen werden.

Auf der anderen Seite wird der israelischen Regierung das Recht zugestanden, „unterstützende Maßnahmen" zur „Bekämpfung des Terrors" durchzuführen. Dies wird von Israel so interpretiert, dass es doch weiterhin seine Politik der gezielten Liquidierungen von führenden palästinensischen Persönlichkeiten, Häuserzerstörungen, Razzien und Verhaftungen durchführen kann – immer mit der Maßgabe, dass die Palästinenser ja die Forderung nach Zerschlagung des Terrors nicht erfüllten.

2. Ebenso gegen die Interessen der Palästinenser gerichtet sind die Paragraphen, in denen es um die israelischen Siedlungen und den Rückzug der israelischen Armee aus den besetzten Gebieten geht.

**Siedlungen:** Von Israel wird nur verlangt, „Siedlungsaußenposten abzubauen, die seit März 2001 entstanden sind" und die „Siedlungsaktivitäten einzustellen". Von der Räumung aller Siedlungen, einer Grundbedingung für jeden gerechten Frieden, ist keine Rede, die Hauptsiedlungsblöcke bleiben, wo sie sind. Außerdem wird so suggeriert, nur die genannten Außenposten seien illegal, nicht aber die 200 anderen ebenfalls völkerrechtswidrigen Siedlungen.

**Rückzug der Armee:** In schwammiger und vager Formulierung heißt es in § 10: „Mit fortschreitender Verbesserung der allgemeinen Sicherheitslage ziehen sich die israelischen Streitkräfte mehr und mehr aus den seit dem 28. September 2000 besetzten palästinensischen Gebieten zurück." Dies bedeutet: Israel bestimmt allein und willkürlich, wann und wohin sich die Armee zurückzieht.

Die seit September 2000 (wieder)besetzten Gebiete machen lediglich ca. 40% des 1967 besetzten Gebietes aus. Von einer endgültigen Beendigung der Besetzung des gesamten Westjordanlands und Gazastreifens, ebenfalls einer der Grundbedingungen für echten Frieden, ist erst im letzten Abschnitt der roadmap die Rede und auch hier nur vage im Rahmen von Endstatusverhandlungen und -vereinbarungen.

3. Der palästinensische Staat
Als Ziel des Friedensfahrplans wird zwar die Entstehung eines „unabhängigen, demokratischen und lebensfähigen“ palästinensischen Staates genannt, aber wie dieser Staat letztlich aussehen soll, bleibt nach dem oben Gesagten völlig unklar. Für die zweite Phase des Fahrplans ist zunächst nur ein Staat in „vorläufigen“ Grenzen mit „maximaler territorialer Zusammengehörigkeit“ und „Merkmalen der Souveränität“ vorgesehen, dies wird aber nicht näher erläutert. Auch hier ist also israelischer Willkür Tür und Tor geöffnet.
Andererseits wird für die Errichtung dieses „Staates“ von den Palästinensern wieder eine Fülle von Vorleistungen verlangt: Etablierung einer „Führung, die entschieden gegen den Terror vorgeht“, die „förmliche Einrichtung eines Amtes des Premierministers“, umfassende politische Reformen und die Durchführung von „freien, ergebnisoffenen und fairen Wahlen“.
Dazu wäre eine allgemeine Bewegungsfreiheit aller Palästinenser nötig. Bewegungsfreiheit ist in der Roadmap aber für nur Kandidaten und amtliche Wahlhelfer vorgesehen, für alle anderen gelten nach wie vor die drastischen Einschränkungen durch Checkpoints und Roadblocks, deren Entfernung die Roadmap **nicht** fordert.
Eine in diesem Zusammenhang wiederum mehrfach wiederholte Forderung an die Palästinenser sind „fortgesetzte umfassende Anstrengungen zur Gewährleistung von Sicherheit“ – für Israel, versteht sich! Dazu sollen alle palästinensischen Sicherheitskräfte nach detaillierten Maßgaben „umstrukturiert“ und „fortgebildet“ werden.
4. Die wichtigen und für einen echten Frieden ebenfalls entscheidenden Fragen: **Flüchtlinge und Status von Jerusalem** werden wie die Frage der Staatsgrenzen auf die Endstatusverhandlungen verschoben, auch zu den Wasserressourcen wird nichts Konkretes festgelegt.
Zum Flüchtlingsproblem heißt es lediglich, dass man bei den Endstatusverhandlungen eine „gerechte, faire und realistische Lösung“ suchen solle, von dem international verbrieften Recht der palästinensischen Flüchtlinge auf Rückkehr und einer Anerkennung der Verantwortung für das Flüchtlingsproblem durch Israel ist keine Rede.
Die Lösung der Jerusalemfraqe durch Verhandlungen bedeutet nichts anderes als dass Jerusalem als Verhandlungsobjekt und nicht als besetzt und widerrechtlich annektiert betrachtet wird.
5. Die vielen Tausende immer noch in israelischen Gefängnissen festgehaltenen palästinensischen Gefangenen, unter denen hunderte Kinder und Jugendliche sind, werden in der Roadmap überhaupt nicht erwähnt.
6. Schließlich enthält die Roadmap Passagen, die auf eine umfassende Kontrolle des Geldflusses nach Palästina hinauslaufen.

**Fazit:** Diese Roadmap ist kein Fahrplan zu einem gerechten Frieden, sondern ein „Befriedungsfahrplan“ einseitig zu Lasten der Palästinenser, der keine der berechtigten Forderungen der Palästinenser berücksichtigt, aber ganz im Interesse Israels liegt, das ungehindert mit seiner bisherigen Besatzungs-, Siedlungs- und Vertreibungspolitik fortfahren kann. Genau das ist auch geschehen – und das ist der andere Grund für das Scheitern des Friedensfahrplans.

Es hat den Palästinensern nichts genützt, dass sie durch die Einsetzung des Premierministers Abu Mazen (Mahmoud Abbas) der Forderung nach Umbau ihrer Regierung nachkamen und dass die beiden großen Widerstandsgruppen Hamas und Islamischer Dschihad einen Waffenstillstand (Hudna) ausriefen. Fast alle palästinensischen Gebiete blieben weiterhin besetzt, gezielte Tötungen, Razzien, Festnahmen, Häuserzerstörungen gingen ungehindert weiter und vor allem wurde und wird die Trennungsmauer in beschleunigtem Tempo errichtet, für die umfangreiche palästinensische Ländereien konfisziert, Obst-und Olivenbäume entwurzelt und zahlreichen palästinensischen Dörfern ihre Lebensgrundlage genommen wurden. Von den Siedlungsaußenposten wurden – mit großem propagandistischem Aufwand! – einige wenige geräumt, an ihrer Stelle entstanden jedoch neue Vorposten und der Ausbau der großen Siedlungsblöcke ging weiter. Als schließlich mehrere Hamasführungskräfte „liquidiert“ wurden, fühlten sich die genannten palästinensischen Widerstandsgruppen nicht mehr an die

Hudna gebunden und reagierten mit Selbstmordattentaten, zuguterletzt wurde das Ende der Hudna verkündet. Damit dürfte auch die Roadmap am Ende sein.

Hrsg. vom Palästina-Solidaritätsbündnis Hamburg, 2003

## 2. Zum Genfer Abkommen bzw. der Genfer Initiative vom Dezember 2003

gibt es ein neunseitiges Papier von K. Steinbrinker v. Mai 2004
direkt über Deutsch-palästinensischer Frauenverein,
Sektion Hamburg